JN410649

:: 누니

누니

2009년 11월 20일 초판 1쇄 인쇄
2009년 11월 25일 초판 1쇄 발행

지은이 한용환
펴낸이 오영교
펴낸곳 도서출판 한걸음 더

서울특별시 중구 필동3가 26
전화 02)2260-3482~3, 2264-4705
팩스 02)2268-7851
book@dongguk.edu | www.dgpress.co.kr
등록 2007년 11월 15일(제2-4748)

편집 김윤길, 심종섭, 김덕희, 신진
마케팅 김용구, 김용문
관리 최옥향, 강정모
디자인 나라연

ISBN 978-89-93814-13-2 03800

책값은 뒤표지에 있습니다.
잘못된 책은 구입한 서점에서 바꾸어 드립니다.

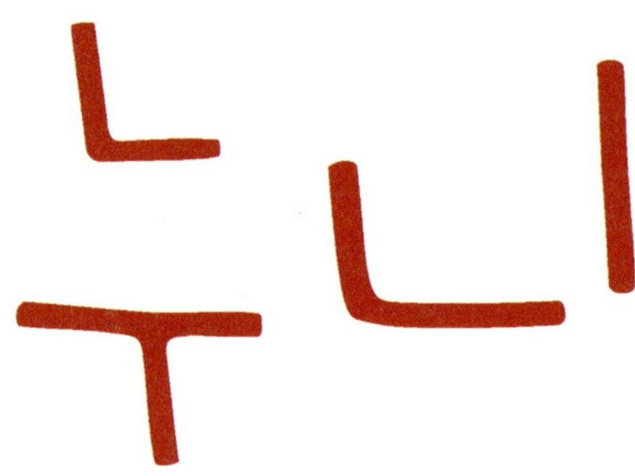

한용환 지음

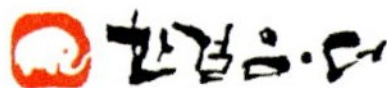

책머리에

가을 햇살이 너무 아름다워서 어제도 아내와 나는 누니를 앞세우고 한강의 강변공원으로 산책을 나갔었다. 누니는 잔디 위에서 뛰놀기를 유독 좋아한다. 신이 나서 누니가 잔디 위를 맘껏 이리저리 뛰어다니는 모습을 지켜보면서 내내 아내와 나는 얼굴에서 미소를 지울 수가 없었다. 즐거운 시간이었다.

누니와 함께 산 지 2년이 되었다.

누니가 처음 우리집에 왔을 때까지만 해도 누런 털을 가진 강아지 한 마리가 내 삶에서 그처럼 소중한 존재로 자리 잡게 되리라곤 상상하지 못했었다. 누니를 생각하면 언제나 내 입가엔 저절로 미소가 떠오르곤 한다. 그리고 대상이 분명치 않은 감사의 마음에 사로잡히게 된다. 아마도 누니를 '있게' 하고 누니를 내게 보내준 모든 것에 대한 감사의 마음일 것이다.

나는 누니와 함께하는 즐겁고 소중한 시간들을 그냥 흘려보내기가 아쉽다고 생각했고, 그러한 생각이 이 하찮은 글들을 쓰도록 부추겼다.

안팎으로 나를 빼닮아서 늘 나와 아옹다옹하는 딸 우진이와 아내 성인순의 일러스트를 곁들였다. 특히 우진이의 그림에는 누니의 사랑스럽고 생동하는 이미지가 잘 포착돼 있어서 들여다보고 있노라면 즐겁다. 말하자면 이것은 누니에 대한 우리 가족의 사랑을 담은 책인 셈이다. 이러한 책을 만들 수 있게 해 준 누니가 고맙다.

2009년 10월 한용환

차 례

1. 첫눈 오던 날

딸애는 이태 전 어느 겨울날 생각지도 못했던 손님을 집에 데리고 왔다. 다 저녁 무렵이었고 밖에는 눈발이 날리고 있었다.

•
•
•

분명히 현관문 열리는 소리가 났는데 막상 사람이 집 안에 들어서는 기척은 없었다.

"찬바람 들어오는데 왜 그러고 섰니?"

현관을 내다보러 나간 아내의 목소리가 들렸다.

"나…… 혼자가 아니라서……."

딸애의 목소리였다.

"혼자가 아니면…… 같이 온 친구라도 있니?"

"글쎄……."

현관에서 들리는 대화 내용에 궁금증이 생긴 나도 방문을 열고 나가 아내의 등 뒤로 다가섰다.

"눈이 오네?"

나는 아내의 어깨 너머로 고개를 뺐다.

"언제부터 오기 시작했지?"

내가 신기해 하자 여전히 몸은 현관 밖에 둔 채 딸애가 말했다.

"점심 무렵부터 오기 시작했는데."

"그래? 건 그렇구 넌 왜 안 들어오구 그러고 섰니?"

딸애가 성큼 집 안으로 들어서지 못하고 뭔가를 뒤에 숨긴 듯한 자세로 현관에 고개만 들이밀고 있었던 사정은 금방 밝혀졌다. 딸애의 뒤에서 강아지 한 마리가 톡 튀어나오더니 냉큼 현관 안으로 들어왔기 때문이다.

뜻밖의 손님이었고 예상치 못한 상황이었다. 불과 2, 3킬로그램도 안 되어 보이는 그 조그만 강아지는 그렇게 우리집에 와서는 우리와 한 가족이 되었다.

그날은 첫눈이 오는 날이었고 첫눈과 더불어 찾아온 새 가족에게 우리는 눈(雪)이— 누니라는 이름을 지어 주었다.

누니가 우리 가족이 되는 과정은 그리 순탄치만은 않았다.

비좁은 아파트엔 새로운 가족을 위한 여유 공간이 없었다. 하물며 강아지를 키운다는 건 상상조차도 할 수 없는 일이었다. 이러한 사정을 누구보다도 잘 알고 있었기 때문에 딸애는 선뜻 누니를 집 안으로 데리고 들어올 수 없었던 것이리라.

나와 아내는 저녁 내내 시름에 잠겨 있었다. 개를 키우는 일이 필연적으로 가져올 여러 가지 어려움들이 과연 우리가 감당할 수 있는 것들일지에 대해 생각해 보느라 아마도 나와 아내는 거의 밤을 밝히다시피 했던 것 같다. 그렇게 생각에 생각을 거듭해 본 끝에 우리는 뻔한 결론에 도달했고, 아내가 주저하는 눈치여서 다음 날 아침 그 결론을 딸애에게 통고하는 역할은 내가 맡기로 했다.

그러나 나는, 내가 자임한 역할을 수행하지 못했다.

다음 날 아침 식탁에 마주 앉은 딸애의 얼굴에 시선이 닿는 순간 나는 그만 용기를 잃고 말았기 때문이다. 불안 때문에 고개를 한 번 들지도 못하는 그 얼굴 앞에서 차마 나는 입을 열 수가 없었다. 그렇게 해서 내 역할은 다음 날로 미루어졌고 또 그 다음 날로 미루어졌다.

내가 하기로 되어 있는 일을 일주일이 넘게 미루고만 있던 어느 날의 오후였다.

나는 한 시에 시작되는 강의를 끝내고는 연구실을 나섰다. 복도에서 낯익은 학생 하나와 마주쳤다.

"교수님께 뭘 좀 여쭤 보고 싶은 게 있어서 찾아 뵈려던 참이었는데……."

"그래? 그런데…… 어쩌지?"

"바쁘신 일이 있으신가 보죠?"

"글쎄…… 내일 찾아오면 안 될까?"

"그러겠습니다."

학생이 길을 비켜 주었으므로 나는 건물을 나서 주차장을 향해 걸어갔다.

나는 차에 타고는 시동을 걸었고 평소 자주 이용하는 경로—장충단을 지나서 한강교를 건넌 다음 올림픽대로를 경유하는 경로를 따라서 집으로 돌아왔다. 건물 앞에 차를 댄 나는 버튼을 누르고 승강기가 내려오기를 기다리면서 벽면에 걸린 시계를 한 번 올려다보았다. 시침과 분침이 3자 근처에서 겹쳐지고 있었는데 시간을 확인한 순간 나는 그만 어리둥절해지고 말았다.

아니 이제 겨우 세 시를 막 지났을 뿐이란 말이야? 그런데 나는 이처럼 이른 시각에 도대체 무엇 때문에 귀가를 서두른 것일까?

물론 나는 자문해 보기는 했지만 대답을 찾기 위해 고심하지는 않았다. 평소와 같지 않은 경우이기는 했지만 그렇다고 머리를 싸맬 일은 아니었기 때문이다.

피식 나는 한 번 실소했고 스스로에게 물음을 제기했던 사실 따위는 완전히 잊어버렸고 도착한 엘리베이터 안에 들어서서는 승강기의 닫힘 버튼을 눌렀다. 8층에서 내린 나는 아파트 현관의 비밀번호를 눌렀다. 그리고는 무심히 현관문을 열었는데—

아마도 내가 비밀번호의 첫 자리를 누르는 순간 누나는 벌써 현관 앞으로 달려와서 기다리고 있었던 게 분명하다. 누나는 문이 열리는 순간 반가움의 비명 비슷한 소리를 내며 내 허리께로 앞발을 치켜들고 내게 달려들었고 내가 번쩍 들어 가슴에 앉자 누나는 내 손등이며 턱 주위를 닥치는 대로 핥았다.

내가 옷을 갈아입는 동안 누니는 끊임없이 꼬리를 흔들어 대며 내 주위를 맴돌았고 내가 거실로 나와 소파에 엉덩이를 내려놓자 냉큼 내 옆에 자리를 잡고는 내 무릎에 제 머리를 얹었다.

나는 내게 기댄 그 조그만 짐승의 머리며 등을 손바닥으로 마냥 쓰다듬었는데, 그러고 있다가 문득 깨닫게 되었다. 나로 하여금 귀가를 서두르게 한 건 바로 누니였던 것이다. 의식은 하지 못하고 있었지만 나는 그 작은 짐승이 궁금해졌던 것이고 그것이 심심하게 혼자 집에 있을지도 모른다는 사실에 마음이 쓰였고 그래서 차를 몰아 곧장 집으로 달려왔던 것이었다.

아마도 나는 누니의 머리를 무릎에 얹은 채 그만 깜박 잠에 빠져들었던 모양이다. 끊어질 듯 허리가 아파 눈을 뜨게 된 나는 내가 여전히 그 작은 짐승의 몸을 한쪽 팔로 두르고 있었다는 사실을 발견했다. 나와 거의 동시에 잠에서 깨어난 누니가 고개를 들고 빤히 나를 올려다보았다.

"너도 한숨 잘 잤니?"

내가 손바닥으로 그 작은 짐승의 머리를 쓰다듬어 주자 누니는 찢어지게 입을 벌리고 기다란 혀를 입 밖으로 감아올리며 늘어지게 한 번 기지개를 켰다.

아내에게 자청한 역할을 나는 끝끝내 이행하지 못하고 말았고 그날은 누니가 나의 가족이 되었다는 사실을 내가 깨닫게 된 첫날이었던 것 같다.

2. 어떤 애견가 이야기

'뜻밖의 일이 일어났다.'

•

•

•

기대하지 못했던 일이나 믿기지 않는 변화와 맞닥뜨리게 된 사람들이 스스로 신기해지고 반신반의하게 된 나머지 입에 담게 되는 말이다.

뜻밖의 일이 일어났다.

어쩌면 그것은 나의 경우에도 해당되는 말일지 모르겠다.

코카 스패니얼 종의 조그만(처음 우리집에 왔을 때 불과 3킬로그램 남짓했던 누니의 체중은 지금은 8킬로그램이 되었으니 '조그만' 이라고 말하기가 좀 부자연스럽게 느껴지기도 한다) 강아지 한 마리와 가족이 되어 함께 살아온 지 2년이 넘었지만 이런 일은 전에는 꿈에서도 상상해 본 적이 없던 일이다. 그래서 지금도 문득문득 내게 일어난 변화가 스스로 신기하게만 느껴지곤 한다.

나는 개를 키우는 일에는 아무런 관심도 가져 본 적이 없던 사람이다. 뿐만 아니라 어쩌다 한두 번 마주쳐 본 애견가들의 취미를 나는 기벽이나 도착된 심리 성향의 발로쯤으로 내심 치부했었다.

내가 잠시 화제 삼아 보려는 J의 경우는 특히 내게는 거의 기괴스럽게조차 느껴졌었다.

J는 나와 허물없이 지내는 몇 안 되는 직장 동료이자 후배 중의 한 사람이다. 그런 그가 특유의 의기소침한 목소리로 전화를 걸어온 적이 있다. 소주나 한잔 나누고 싶어서 동네에 들렀다는 것이었다. 4, 5년 전쯤의 어느 가을날 저녁 무렵의 일이었을 것이다.

빵

“조오치요, 조쿠 말구.”

지체 않고 달려 나가 그와 마주 보고 앉았는데, 한눈에 보기에도 그는 몹시 침울해 있었다. 그러나 나는 내색 않고 그에게 잔을 권했다. 그는 내가 따라 준 술을 단숨에 입안에 털어 붓고는 그 잔을 내게 돌렸고 나 역시 그가 따라 준 술잔을 지체 않고 비운 후 그에게 되돌려 주었다.

The Coffee Bean
Coffee

그렇게 주거니 받거니 비운 술병이 세 개쯤에 이르렀는데, 그의 어깨가 갑자기 흔들리기 시작했다. 그 세 번째 병의 바닥에 남은 술을 받기 위해 그가 내 쪽으로 팔을 내민 순간이었다.

흔들리는 잔으로부터 술이 넘쳐 쏟아졌고 팔을 고정시킬 수 없게 된 J는 소주잔을 그만 탁자에 내려놓았다. J는 두 손을 사타구니에 묻고 고개를 떨군 채 한참 동안이나 그렇게 어깨를 들썩거리며 앉아 있었다.

영문을 알 수 없는 나는 천장께로 시선을 두고 있다가 그의 어깨의 흔들림이 가라앉자 휴지통에서 휴지를 뽑아 그에게 건넸다. 그는 내가 건넨 휴지에다 휑하니 코를 풀었고 손등으로 두어 번 눈가를 훔치고는 고개를 들었다.

"보고 싶어 죽겠어요."

J가 낮고 잠긴 목소리로 중얼거렸다.

"그렇겠지요."

나는 말하고는 측은한 눈길로 그를 바라다보았다. 나는 나름대로 그의 사정을 이해할 수 있었기 때문이다.

"아내와 별다른 불화가 있었던 건 아니에요. 저는 여전히 제 아내와 아이들을 사랑해요. 그러나 그 여자와 함께 살지 못하게 된다면 금방 죽을 것만 같았어요."

몇 달 전 내게 이혼 사실을 고백하며 그가 덧붙였던 말이다. 고등학생인 아들과 초등학생인 딸을 둔 J가 이혼을 하다니. 그의 이야기가 잠시 나를 당혹스럽게 했던 건 사실이다.

그러나 솔직하게 말해서, 그때 내가 사로잡히게 되었던 어떤 감정이 있었다면, 그것은 비난의 감정이기보다는 부러움의 감정 쪽에 가까웠다. 함께 살 수 없으면 금방 죽을 것만 같은 여자라니. 그런 여자와 만난다면 누군들 이혼을 불사하지 않겠는가. J의 고백을 들은 날 진심으로 나는 그를 격려해 주었고 축복해 주었다.

그랬는데 이제 와서 스스로가 버린 가족들이 보고 싶다고 코를 훌쩍거리고 있는 것이다.

"정말 이렇게까지 보고 싶게 될 줄은 미처 몰랐어요."

— 그건 김소월의 시구절인데.

나는 속으로 중얼거렸다.

"눈에 삼삼해서 도무지 견딜 수가 없어요."

— 역시 J선생은 이공계를 전공한 사람답지 않게 문학적 감수성이 풍부한 사람이야.

"그렇겠네요."

나는 새로 날라져 온 소주병을 그의 잔에다 기울이며 공감을 표시했다.

"오죽 보고 싶겠어요. 그 마음 이해되고도 남습니다."

그러자 J는 손을 저어 부정했다.

"아니에요."

그는 말하고는 잔을 입에 털어 부었다.

"선생님은 결코 이해하실 수 없을 겁니다."

빈 잔을 내 앞으로 내밀며 그가 단정적으로 말했다.

"결코 이해하실 수 없구 말구요. 왜냐하면……."

— 물론 이해할 수 없겠지요. 왜냐하면 나는 새 여자와 살기 위해 가족을 내팽개쳐 본 경험이 없으니까.

속으로 중얼거리고 있자니 슬그머니 부아가 돋았다.

— 당신이 그렇게 단정할 일만은 아냐. 가족이 그리운 마음이야

꼭 이혼을 해 보고서야 깨우칠 수 있는 건 아니니까. 하물며 어린 딸 아이야 아침에 보고 나왔는데도 하루 종일 눈에 밟히는 법인데…….

하지만 J는 내 기분을 배려하는 일에는 아무런 관심도 없어 보였다. 그는 오히려 완강한 자신의 주장을 다시 한 번 내세웠다.

"정말이에요. 선생님은 절대로 절대로 이해하실 수 없을 겁니다, 왜냐하면……."

"J선생 말이 맞겠지요. 제가 뭘 알겠어요."

나는 구태여 내가 마음이 상했다는 사실을 숨기려 하지 않았다.

"그래요. J선생이 옳아요. 난 이해할 수 없을 겁니다."

"선생님은 인정하셔야 합니다. 왜냐하면 선생님은, ……개를 키워 보신 경험이 없으니까요. 인정하셔야 하구 말구요. 개를 사랑해 본 경험이 없는 사람이라면 누구도……."

나는 잠시 어리둥절해진 상태로 그의 얼굴을 바라보고 있었고 그러고 있다가 갑자기 깨닫게 되었다. 그때까지 나는 헛짚고 있었던 것이었다. J선생이 그토록 보고 싶어 하는 것은 이혼한 아내와 두고 떠나온 그의 아들과 딸이 아니었다. J는 그가 사랑했던 애완견을 볼 수 없게 되어서 슬퍼하고 있넌 것이었다.

아마도 나는 그날 충격, 심한 충격을 받았던 게 분명하다. 나는 할 말을 찾지 못한 채 한동안 멍하니 앉아만 있었던 것이다.

이제 생각해 보면 그의 말은 옳았다.

정말로 그때 나는 그를 이해할 수 없었다. 부모의 이혼으로 상처받았을 게 분명한 자녀들—특히 초등학생인 어린 딸이 아니라 키우던 개가 너무너무 보고 싶다며 코를 훌쩍거리고 있는 그를 내가 무슨 수로 이해할 수 있었을 것인가. 그런 그의 모습이 거의 그로테스크하게조차 비쳤던 것은 그때의 내게는 당연한 일이었다.

나는 지금까지 J에 대해 얘기했지만 사실은 나 자신에 대해 얘기하기 위해 그를 끌어들인 데 불과하다. 요즘도 나는 수담手談을 나누기 위해 더러 그의 연구실에 들르곤 한다. 그리고 그의 연구실에 들어설 적마다 이제는 내게도 친숙해진 유순한 눈빛을 가진 슈나이저 한 마리와 마주치곤 한다.

J의 책상 위에 댓둥 올라 앉아 있는 그 개는 물론 액자 안에 얌전히 들어 있는 사진이다.

책상 위에 유일하게 올려 둔 액자 속에 든 것이 개의 사진이라는 사실은 어떤 사람의 눈에는 매우 기이하게 보일 수도 있을지 모르겠다. 필경 그는 애완견을 가져 본 적이 없는 사람일 테니까.

물론 나는 지금도 애완견의 사진을 책상 위에 올려놓고 매일 들여다보는 J의 집착을 흔히 볼 수 있는 취미라고 생각지는 않는다. 그러나 J의 그러한 모습은 적어도 이제 내게 그로테스크하게 비치지는 않는다.

그의 모습이 기이한 것이라면 어쩌면 내 모습도 남에게 그렇게 보일지 모르겠다. 왜냐하면 나 역시 한가한 오후 시간에 연구실에 앉아 가끔씩 지갑에 끼워 넣고 다니는 누니의 사진을 몰래 꺼내 보곤 하기 때문이다.

내가 이런 사람이 되리라고 그 누가 상상이나 했겠는가. 스스로 생각해도 믿기지 않는 일이고 말 그대로 내게 뜻밖의 일이 일어난 것이라고 할밖에 없다.

요즘 나는 종종 4, 5년 전 어느 가을날 저녁 우리 동네에 찾아왔던 J의 모습과 그의 책상 위에 올려진 그의 애완견을 떠올리곤 한다. 그럴 적마다 나는 정확히 표현하기 어려운 어떤 감정—애달픔의 감정

같은 것에 사로잡히곤 하는데, 우리가 누군가를, 혹은 무언가를 사랑하게 되는 일은 필경 그런 감정—애달픔의 감정 같은 것을 수반하게 마련인가 보다.

3. 누나와 텔레비전

눈이 나빠짐으로써 겪게 된 불편은 나이를 먹는 일이 내게 가져다 준 가장 큰 시련 중의 하나이다.

•
•
•

물론 어지간한 불편은 안경을 통해서 해결할 수 있다. 그러나 안경이 눈의 피로현상까지 해결해 주는 수단이 되지는 못한다. 아무리 흥미 있는 책일지라도 대략 한 시간 정도가 지나면 더 이상 읽기를 계속하는 일이 불가능해진다. 아무리 손등으로 눈을 부벼 봤자 눈알만 더욱 쓰라릴 뿐 시계視界를 가린 뿌연 안개는 걷힐 기미조차 보이지 않는다.

아마도 내 하루에서 텔레비선을 보는 시간의 비중이 늘어난 것은 이 같은 눈의 시련이 초래한 결과가 아닌가 싶다.

물론 나는 지금도 독서를 완전히 그만둔 건 아니다.

더러는 음악 소리에 귀를 기울이기도 한다. 그런 일에 쓰는 시간은 그러나 내가 텔레비전을 시청하는 데 소비하는 시간에는 견줄 바가 못 된다.

텔레비전을 켜 둔 채 아침을 먹고 신문을 읽고 전화를 받는다. 어떤 날은 텔레비전을 켜 둔 채 잠이 드는 일도 드물지 않다.

나는 텔레비전의 온갖 프로들—뉴스, 영화, 공연, 다큐멘터리……등을 가리지 않고 섭렵한다. 토론 프로도 좋아하지만 주제와 패널을 확인하고는 채널을 돌린다. 아니 토론 참여자들의 첫마디는 듣고 채널을 바꾼다. 그걸로 충분하다. 그들은 어떤 경우에도 그들이 첫마디에서 밝힌 생각과 입장을 한 시간이 지나든 100분이 지나든 결코 바꾸거나 수정하는 법이 없다. 따라서 그 프로그램을 끝까지 시청하는 것은 완전한 시간의 낭비일 뿐이다.

예전엔 흥미를 못 느끼다가 근래에 관심을 가지게 된 프로도 있다. 바로 드라마다.

최근에는 '에덴의 동쪽' 과 '그 바보' 를 재미있게 보았다. '에덴의 동쪽' 에서는 송승헌이 행복에 도달하기를 간절히 바라는 시청자들의 기대를 배반하면서까지 주인공을 죽게 하는 드라마 작가와 감독의 정직한 용기에 감동했고 '그 바보' 에서는 여주인공 김아중의 사랑스런 연기가 나를 즐겁게 해 주었다. 그 드라마들을 시청하는 동안 나는 등장인물들과 희비를 나누었고 그들이 행복해 하면 나도 행복했다.

얘기가 샛길로 빠졌다. 물론 나는 우연히 보게 된 어떤 텔레비전 프로를 화제 삼으려고 얘기를 시작한 건 사실이지만 그 텔레비전 프로는 그러나 드라마가 아니다. 나는 며칠 전 채널을 이리저리 돌리다 눈길을 끄는 장면이 나오길래 거기다 채널을 고정시켰는데, 임성훈과 박미선이 진행을 맡은 그 프로의 타이틀은 '세상에 이런 일이' 였다. 그런데 재방송임이 분명해 보이는 그 프로는 타이틀에 손색없는 정말로 희한한 내용을 보여 주고 있었다.

스케이트보드를 타는 개에 관한 내용인데 나는 분명히 내 두 눈으로 보고 있으면서도 내 눈을 믿을 수가 없었다.

개는 스케이트보드를 타다가 속도가 떨어지면 한 발로 땅을 지쳐서 충분히 가속을 시킨 후 발을 다시 올렸고 매우 안정된 자세로 스케이트보드를 타고 급경사를 미끄러져 내려가서는 반대편 가파른 경사의 중간에까지 거뜬히 도달하기도 하는 것이었다. 턱이 나타나면 스케이트보드의 한쪽 끝을 밟아 앞쪽이 들리게 해서는 너끈히 스케이트보드를 밀어 올렸고 바퀴 굴리기를 방해하는 울퉁불퉁한 데를 만나서는(텔레비전 화면에서는 오리 알만한 돌들이 촘촘히 박혀 있었다) 아예 스케이트보드를 뒤집어서 밀었다가 매끈한 보도에서 다시 뒤집었다.

개는 그에게 스케이트보드 타는 법을 가르친 주인에 손색없는 스케이트보드 타기 선수였고 무엇보다도 주인 못지않게 스케이트보드 타기를 즐기고 있었다. 개는 혼자만 즐기는 것이 아니었다. 놀랍게도 그가 낳은 대여섯 마리의 새끼 개들도 모두 능숙한 스케이트보드 타기의 선수들이었는데 물론 주인과 더불어 어미 개가 가르친 결과라는 것이었다.

그 프로에 정신이 팔린 나는 내내 텔레비전 화면에서 눈을 뗄 수가 없었다. 그 화면들이 그처럼 나를 사로잡은 건 단순히 내용의 신기함 때문만은 아니었다. 텔레비전에서 보여 주고 있는 것이 멋지게 스케이트보드를 타는 고양이나 펭귄이었다면 아마도 나는 그처럼 화면에 신경을 쏟지 않았을지도 모른다.

나도 누니를 가르칠 수 있을까.

스케이트보드를 타는 개의 화면을 보고 있는 동안 줄곧 내 머릿속을 맴돌던 생각이었다. 한번 나를 옭아맨 생각의 올가미는 도무지 나를 풀어 주려 하지 않았다.

쏜살같이 경사를 굴러 내려가는 스케이트보드 위에서 몸의 균형을 잃지 않기는 사람이라도 누구나 가능한 일이 아니다. 그처럼 어려운 일을, 개가 거뜬히 해내고 있는 것이다.

나도 누니를 가르칠 수는 없을까.

특별나게 총명해 보일 것 없는 화면 속의 개도 능숙하게 스케이트보드를 타는 터에 열심히 가르쳤는데도 우리 누니가 할 수 없는 일이 도대체 무엇일 것인가.

물론 나는 우리 누니도 화면 속의 개처럼 능숙하게 스케이트보드

淳

타기를 즐길 수 있게 되었으면 좋겠다고 생각했다. 그러나 내가 정말로 누니가 즐길 수 있게 되기를 간절히 바란 일은 보드 타기는 아니었다.

개들이 다른 어떤 동물보다도 자극에 민감하고 다양한 감정적 반응을 할 수 있는 능력을 가졌다는 사실에 대해서야 새삼 화제 삼을 필요가 없을 것이다. 그리고 개 중에서도 누니가 속한 코카 스패니얼 종의 개가 특히 그렇다고 한다.

기쁨과 반가움을 표현하는 누니의 능력은 정말 굉장하다. 가족들이 외출에서 돌아오면 단숨에 달려 나와 얼굴까지 뛰어 오르고 떨어져 나가게 꼬리를 흔들며 몸을 부비거나 발치에서 몇 바퀴씩 몸을 구르기도 한다. 신음에 가까운 앓는 소리를 냈다가 멍멍 짖어 보기도 하고 그러다가 몇 방울 오줌도 지린다. 격렬한 감정의 표현이라는 말만으로는 부족하다. 미쳐 날뛴다고 말하는 편이 맞을 것이다.

욕망과 기대감을 드러낼 때의 누니의 눈빛은 무섭게조차 느껴진다. 눈에서 불꽃이 번쩍거린다. 불안과 두려움에 대한 반응도 말할 수 없이 민감하다. 내가 아내에게 어쩌다 목소리를 한 번 높이면 누니의 눈빛엔 당장 불안의 그늘이 깃들고 식탁에서 젓가락 한 짝이 떨어지는 소리에도 후들짝 몸을 떤다.

그런 누니이기 때문에 감정의 소강상태에 빠져 있을 때의 누니의 눈빛은 상대적으로 한층 의기소침해 보인다. 격정이 가라앉았을 때의 누니는 거실 한 켠이나 소파 구석에 모로 누워 있고는 하는데 가족들이 머리를 쓰다듬고 배와 등을 긁어 주어도 누니는 전혀 반응을 보이지 않는다.

그럴 때의 누니는 우리 가까이에 있으면서도 우리가 결코 닿을 수 없는 까마득히 먼 어느 곳에 가 있는 것처럼 느껴지곤 한다.

느닷없이 우리 사이에 드리워진 이 까마득한 거리의 정체는 무엇일까.

혹시 그것은 우리와 누니가 각기 속한 종의 차이가 드리운 장벽일까. 모로 누운 채 아무런 반응도 하지 않는 누니의 눈을 처음으로 가까이에서 들여다본 날 나는 깊은 충격에 빠졌다.

불이 꺼진 누니의 눈에 깃들여 있는 것이 무엇일지 나는 짐작조차 할 수 없었다. 아니다. 그 눈에는 아무것도 담겨 있지 않았다. 하다못

해 공허감이나 적막감조차도 거기엔 깃들여 있지 않았다. 그냥 두 개의 동공—텅 빈 두 개의 동공이 내 눈앞을 가로막고 있을 뿐이었다.

완전히 초점이 실종된 그 텅 빈 눈동자를 들여다보고 있던 그날 내가 사로잡힌 건 딱히 이름을 붙이기 어려운 어떤 감정—안타까움이랄까 연민의 감정에 가까운 감정이었던 것 같다. 나는 누니의 눈에서 꺼진 불꽃을 되살리고 싶었다. 적막감만 깃든 공허한 눈에 기쁨을 담아 주고 싶었다.

나도 누니를 가르칠 수는 없을까.

임성훈과 박미선이 진행하는 텔레비전 프로를 보고 며칠이 지났는데도 그 생각은 내 머릿속에서 떠나지를 않았다.

— 누니가 나와 함께 텔레비전을 보고 아름다운 음악도 즐길 수 있게 할 수 없을까.

결국 나는 동네의 단골 수의사에게 상담을 청했고 그가 소개한 개 조련사를 찾아갔다. 그러나 결과부터 말하자면 나는 개 조련사로부터 머리가 좀 이상해진 사람 취급을 받고 등을 떠밀리다시피 쫓겨났다.

"애완견에게 어떤 문제가 있나요?"

개 조련사가 내게 물었던 말이다.

"어떤 문제가 있어서라기보다……"

나는 잠시 머뭇거렸는데, 어쩌면 개 조련사가 내 이야기를 쉽사리 알아듣지 못할지도 모른다는 생각이 문득 들었기 때문이다.

"제 애완견을 좀 더 잘 볼 수 있고 잘 들을 수도 있는 개로 만들어 주고 싶습니다. 그런 일이 가능할까요?"

"가능하다마다요. 한 육 주만 맡겨 보시지요. 비용은……."

"그런데…… 제가 말하는 보기와 듣기란 단순한 시각기능과 청각기능만을 가리키는 게 아닌데요."

"그럼……?"

"뭐라고 말씀드려야 할까, 즐기기 위한 보기와 즐기기 위한 듣기라고나 할까요?"

"즐기기 위한 보기와 즐기기 위한 듣기라구요?"

"저는 누니가, 제 애완견의 이름입니다. 텔레비전을 볼 줄 알고 음악도 즐길 수 있게 하고 싶습니다. 선생님께서 그렇게 우리 개를 좀 훈련시켜 주실 수 없을까요?"

"음악을 즐기고 텔레비전도 볼 수 있게 훈련시켜 달라구요?"

개 조련사는 내 얼굴을 빤히 들여다보고 있다가 입가에 빙긋이 미소를 머금는 것이었다. 그리곤 갑자기 얼굴에서 웃음을 거두고 매우 정중한 태도와 목소리로 그가 말했다.

"죄송합니다. 선생님은 절 잘못 찾아오신 것 같습니다. 선생님은 개 조련사가 아니라 마술사를 찾고 계신 것 같으니까요. 그러니……."

비록 개 조련사로부터 실없는 사람 취급을 받고 쫓겨나기는 했지만 나는 그러나 내 꿈을 완전히 포기하지 않았다.

요즘도 나는 텔레비전에 누니가 관심을 가질 법하다 싶은 화면(아름다운 경치나 제 종족이 등장하는)이 비칠 때면 누니의 시선을 그쪽으로 유도하기 위한 온갖 방법을 강구해 보곤 한다. 딴 곳으로 시선을 옮기지 못하게 텔레비전 쪽을 향하게 한 누니의 머리를 가만히 두 손으로 붙잡고 있어 보는 것도 내가 강구해 본 방법 중의 하나이다.

누니가 거실에 모로 누운 채 초점을 잃은 눈을 뜨고 있을 땐 볼륨을 낮춘 라디오의 FM 방송을 누니의 머리맡에 몰래 켜 두기도 한다.

이러한 나의 노력이 아직은 별다른 성과를 거둔 것처럼 보이지 않는다. 그러나 나는 크게 실망하지 않는다. 실망하기에는 이르다고 생각한다.

사람도 쉽게 타기 어려운 스케이트보드를 개가 익숙하게 탈 수 있다면 언젠가는 우리 누니가 아름다운 텔레비전 화면과 음악 소리에 반응하게 될 날이 올지도 모른다는 기대를 여전히 나는 버리지 못하고 있다.

4. 하롱베이의 치와와 가족

나는 머나먼 베트남의 하롱베이에서 그 가족과 만났다.

·

·

·

체중이 불과 3킬로그램도 안 돼 보이는 갈색 털을 가진 치와와 암수 한 쌍과 그 새끼로 이루어진 가족이었다. 그 가족과의 만남은 내게 누니에 대한 깊은 죄책감을 불러일으켰다.

기대가 크면 실망도 크다는 격언이 있지만 반대로 별로 기대하지 않았던 일이 좋은 결과로 나타났을 때 기쁨은 배가되기 마련이다.

며칠 전 다녀온 베트남 여행에서 나는 바로 그런 기쁨을 누렸다. 그러나 아무런 보상도 치르지 않고 그러한 기쁨을 누릴 수 있었던 것은 아니다. 다시 말하자면 그것은 40도 안팎의 습기 찬 무더위와 한

없이 따분하고 지루하기만 한 여정을 견딘 끝에 내게 찾아와 준 기쁨이었다.

그 여행은 수은주가 치솟기 시작한 6월 초순의 어느 아침나절 신문에 난 여행상품 광고들을 훑어보던 아내가 제안해서 이루어졌다.

"불과 39만 원에 3박 5일의 베트남 여행이라니, 우리 이거나 다녀옵시다."

"마음대로 하구려."

나는 시큰둥한 목소리로 대꾸했다.

나는 베트남으로 관광여행을 가고 싶다는 생각을 해 본 적은 없다. 태국과 보르네오 섬 등을 다녀오기는 했지만 대부분의 동남아 여행은 내게 별다른 추억거리를 남기지 못했다. 공기는 숨통을 막았고 음식은 입에 맞지 않았으며 여행 가이드에게 이곳저곳 끌려 다니느라 숨을 헐떡거렸던 기억만 생생하다.

나는 베트남 여행이라고 별 다를 게 있으리라고 생각하지 않았다. 말하자면 나의 베트남 관광여행은, 대부분의 나의 동남아 여행이 그랬던 것처럼, 나 자신의 적극적인 의사가 반영된 결과는 아니었던 셈이다.

나와 아내 그리고 처형네 부부와 처제로 이루어진 우리 일행은 6월 25일 7시 20분발 하노이행 아시아나 항공기를 탔다. 그리고 비행기는 예정대로 네 시간 오 분 후에 정확히 하노이 공항에 안착했다. 우리는 모든 패키지 여행자들이 거치는 똑같은 과정과 절차—공항 로비에서 마중 나온 현지 가이드를 만나고 그와 함께 합류할 일행을 기다렸다가 대기시켜 둔 차량에 동승해서는 목적지로 안내되는—를 거쳐서 베트남에서의 첫날 밤을 보낼 호텔에 투숙했다.

우리가 투숙한 '스포츠 호텔(호텔 이름치고는 좀 유별스럽다)' 에 들어섰을 때 로비에 걸린 시계는 열한 시 가까이를 가리키고 있었다. 서울과 하노이는 두 시간의 시차가 있다고 하니 서울에서라면 잠에 곯아떨어졌을 시각이었다. 그러나 나는 제대로 작동해 주지 않는 에어컨 리모콘과 씨름하느라 베트남에서의 첫날 밤을 편히 보내지 못했다.

잠을 설친 탓에 몸이 찌부둥했지만 나는 다음 날 아침 눈이 뜨이는 대로 일어나 호텔을 나섰다. 나는 한 시간 가까이 호텔 주변을 산책했는데 마주치는 사람들의 수줍음 띤 시선에서 뜻밖에도 그들의 이방인에 대한 친근감과 우호감을 느꼈다. 그리고 나는 그들이 풍요롭지는 않지만 평온스러운 삶을 살고 있다는 인상을 받았다.

아침을 마친 우리는 가이드를 따라 호치민 광장과 호치민 박물관 등을 둘러보았지만 하노이에서의 관광 일정에 대해서는 별달리 화제 삼을 얘깃거리가 없다. 아니 하노이의 거리와 골목 곳곳을 가득 메운 오토바이의 행렬에 대해서는 한두 마디 덧붙이고 싶다. 그것은 정말로 장관이었다. 정지선 앞에서 신호를 기다리고 있는 오토바이의 행렬은 대치하고 있는 시위대를 방불케 했다. 가이드는 하노이의 인구가 천오백만쯤 된다고 했는데 그 천오백만 하노이 시민이 한꺼번에 오토바이를 몰고 시내로 쏟아져 나온 것만 같았다.

하노이에서 머문 시간은 그리 길지 않다. 하노이는 우리의 관광 일정에서 경유지에 불과했다. 우리 여행의 주 목적지는 하룽베이였다. 닌빈이라는 곳에 들러 한 시간가량 대나무 보트를 탄 뒤 점심을 먹고는 버스는 곧장 최종 목적지를 향해 달렸다. 버스는 어두워진 시각에 하룽베이에 도착했다.

아마도 일고여덟 시간은 걸렸을 것이다. 그 일고여덟 시간은 내게는 말할 수 없이 따분하고 지루하기만 한 시간이었다. 나는 끊임없이 아내와 처제에게 시간을 확인했고 도착지까지 남은 시간을 계산하고 있었다.

하노이에서 하롱베이로 향하는 버스 차창 밖에 펼쳐지는 풍경들은 내게 아무런 감명도 주지 않았고 더더구나 내 환상을 자극하지는 못했다. 아름다운 거리나 시선을 사로잡는 아늑한 마을 하나도 눈에 띄지 않았다.

매우 '이국적인' 풍경이 한 가지 있기는 했다. 마을 근처엔 반드시 공동묘지가 있었는데 놀랍게도 그 공동묘지들은 한결같이 들판의 물이 고인 논바닥 한가운데에 조성돼 있었다. 질척거리는 논바닥에 조성된 묘지라니. 그 기이한 '이국의 정취'는 나를 몸서리치게 만들기에 부족함이 없었다. 그러나 그 기이한 풍경조차도 결국엔 덤덤한 풍경이 되고 말았다. 차창 밖에 펼쳐지는 것은 한마디로 변화 없고 단조롭기만 한 풍경이었고 그러한 풍경에 결국 나는 시칠 대로 지치고 만 것이었다.

우리는 어두워진 시각에 하롱베이에 도착했는데 비를 맞으며 버스에서 내렸다. 바다 구경을 왔는데 억수 같은 비라니. 나는 몹시도 의기소침해진 채 베트남에서의 두 번째 밤을 맞아야 했다.

하롱베이에서의 유람선 관광은 우리 여행의 하이라이트인 셈이었다.

관광지로서의 하롱베이의 명성이 어떤 것인지에 대해 내가 굳이 설명할 필요는 없을 것 같다. 인터넷을 한번 열어 보기만 하면 누구나 쉽게 확인할 수 있는 사실이겠기 때문이다.

세계 3대 절경 중의 하나로 꼽히고 유네스코의 자연유산 목록에 등재돼 있으며 세계적으로 흥행에 성공한 유명 영화들의 몇몇 장면들이 촬영된 장소도 바로 이곳 하롱베이의 바다라는 사실에 대해서는 일행들 모두가 알고 있는 것 같았다. 이곳이 한 번쯤 가볼 만한 관광지라는 얘기는 나 역시 주변에서 흔히 들은 바 있었다.

그러나 우리가 그곳에 도착한 다음 날 아침 아홉 시 무렵 버스가 하롱베이의 선착장에다 우리를 내려놓았을 때까지도 나는 여전히 무덤덤한 표정을 짓고 있었던 것 같다. 권태로운 버스 여행으로 지친 몸과 마음이 충분히 회복되지 않은 탓일 터이었다. 기왕에 예정된 바다 유람인데 밤사이에 비가 그치고 알맞추 날이 개어 준 것은 그나마 다행스런 일이었다.

배는 붐비는 부두를 빠져나와 바다 한가운데로 나아가기 시작했는데 한없이 커다란 투명 유리를 깔아 놓은 것같이 잔잔한 수면과 그 수면 끝에 겹겹이 도열한 헤아릴 수 없이 많은 섬들이 눈에 들어오자 나는 더 이상 무덤덤한 표정으로 앉아만 있을 수 없게 되었다.

서서히 흥분의 물결이 밀려들었고 나는 후닥닥 몸을 일으키고는 계단을 올라 이층의 전망 갑판에 섰다.

아 —

나는 속으로 탄성을 질렀다.

나는 대서양의 수평선을 조망한 적이 있고 지중해도 보았지만 하롱 만灣의 이 경이에는 그 무엇도 비견될 수 없으리라 생각했다. 다섯 시간 남짓에 걸친 하롱베이의 선상 유람은 한마디로 내게는 흥분의 시간이었다.

부두로 귀환하는 배의 전망 갑판 난간에 기대어 서서 나는 잔잔한 바다와 멀어져 가는 섬들을 다시 한 번 찬찬히 바라다보았다.

그렇게 해서 나는 그 믿기 어려운 바다의 풍경을 눈이 아닌 내 마음에 담았다. 그리고 나는 깨닫게 되었다. 삼 일간의 내 지루했던 인내는 충분하고도 만족스럽게 보상된 것이었다. 엉뚱스럽게도 베트남 관광 여행을 발상한 아내에게 더 이상 아무런 불만을 품지 않게 되었다는 사실에 대해서도 두말이 필요치 않을 것이다.

한국 식당에서의 그날 저녁 식단에 나온, 감자를 듬뿍 썰어 넣고 끓인 된장찌개는 내 입맛을 돋우었다. 반주로 참이슬도 몇 잔 비웠다. 저녁을 마치자 가이드는 우리 일행을 마사지 숍에 데려갔고 피로가 말끔히 가신 일행은 관광 여행의 마지막 밤인데 각자의 호텔 방으로 흩어질 수는 없다고 의기투합한 끝에 노래방으로 몰려갔다. 그러나 나는 일행에게 양해를 구하고 먼저 호텔로 돌아왔고 호텔 방에 들어서는 길로 침대에 몸을 던지고는 곧바로 잠에 곯아떨어졌다.

나는 눈을 뜨는 대로 일어나 한바탕 샤워를 했다. 반바지에 티셔츠를 걸친 나는 아내가 잠을 깨지 않도록 소리 나지 않게 문을 열고는 호텔 방을 빠져 나왔다.

도어맨이 열어 주는 호텔 문을 벗어난 나는 말 그대로 발이 닿는 대로 호텔 주변을 반 시간가량 산책했다. 그리고는 호텔로 되돌아가는 길을 찾기 위해 갈림길에서 걸음을 멈추고는 주위를 한 번 두리번거렸는데, 그 순간

그 치와와 가족이 눈에 들어왔다. 아마도 나는 그들을 발견하는 순간 곧장 그들에게로 다가갔던 것 같다. 나는 굿모닝이라고 인사를 건넸다.

"안녕하세요."

세 마리 개를 묶은 끈을 한 손에 모아 쥔 채 나처럼 반바지 차림으로 천천히 걷고 있던 중년의 남자는 뜻밖에도 우리말로 인사를 받았다.

나는 반가움을 표시했고 충동을 억제하지 못한 내가 몸을 낮추고는 개들을 쓰다듬고 있는 동안 걸음을 멈춘 그는 자신의 이야기—6년 전 이곳에 관광 여행을 왔다가 서울로 돌아가는 길로 회사에 사표를 내고는 이곳으로 와서 식당업을 시작했고 그 결정을 한 번도 후회해 본 적이 없다는 이야기를 들려주었다.

"얘네들은 아마도 형제자매겠지요?"

조그만 혀(누나의 그것에 비하면 정말로 작은 혀였다)로 핥아 대는 크기가 비슷한 개들에게 손등을 맡긴 채 내가 물었다.

"아닙니다."

그는 부정하고는 먼저 두 마리를 손가락으로 가리켰다.

"쟤네들 둘은 남매 겸 부모이고 나머지 한 놈은 새끼입니다. 태어난 지 석 달쯤 되었습니다."

"그렇습니까."

나는 궁금한 것들을 물었고 그는 소상하게 대답해 주었다. 세 마리 중 한 마리의 이름은 주몽이고(감명 깊게 본 고국의 텔레비전 드라마에서 이름을 따온 작명이리라) 산책은 하루에 두 번이나 세 번 시키며 사료

대신 주로 생선과 육류를 먹이고 간식으로 과일도 준다고 했다. 집에는 같은 배로 난 새끼가 두 마리 더 있는데 저희끼리 하루 종일 엎치락뒤치락 재미있게 어울려 논다고도 했다.

"가족 간의 유대가 돈독한 편입니다. 부모 개는 새끼들이 위험에 처하는 일을 결코 방치하지 않습니다. 덩치가 열 배쯤 큰 개들도 쟤네들 부모 개한테 쫓겨 달아납니다. 낯선 사람과 동물은 무조건 경계부터 하고 봅니다. 그런데……."

치와와 주인은 나를 바라다보았다.

"선생님은 예외시군요. 우리 애들이 낯선 분한테 이처럼 처음부터 자신들을 내맡기는 모습은 본 적이 없습니다. 아마도 개들에 대한 선생님의 특별한 감정을 영리한 애들이 냄새 맡은 탓이겠지요. 선생님은 어떤 종의 개를 키우십니까?"

"코카 스패니얼 종입니다. 누런 털을 가졌는데 이 애들보다 몸무게가 세 배쯤은 될 것 같군요. 이름은 누니입니다. 눈이 내리는 날 저희 집에 왔기에 붙여 준 이름입니다. 누니를 집에 남기고 온 지 오늘이 나흘짼데 애들을 보고 있자니 한층 누니 생각이 나네요."

나는 치와와 가족과 헤어지기 전에 다시 한 번 그들 세 마리 개의 머리를 하나하나 쓰다듬어 주었다.

"잘 있거라, 행복한 개들아."

말해 주고는 호텔 쪽을 향해 걷기 시작했는데 더 이상 나는 치와와 가족에 대해 생각하고 있지 않았다. 누니를 생각하고 있었다. 그리고 누니를 떠올린 순간 예기치 못했던 통증이 가슴에 스미는 걸 느끼고 있었다.

누니가 우리집에 온 봄에 우리는 누니에게 불임시술을 시켰다. 아내와 나는 며칠을 두고 생각해 보았고 다른 방도가 없다는 결론에 도달했던 것이다. 조악한 주거 환경밖에 가지지 못한 우리로서는 누니와 헤어지지 않기 위해 내린 불가피한 결정이었다.

누니의 시술 날짜가 잡힌 날 나는 아내와 병원에 동행하지 않았다. 강의가 있는 날이었기 때문이다. 강의가 없었더라도 무슨 핑곈가를 둘러대었을 것이다. 나는 그 작은 몸이(누니의 체중이 4킬로그램을 넘지 않았을 때였다) 칼로 찢겨지는 걸 직접 보고 싶지 않았다. 저녁 시간도 훨씬 넘겨서 집에 들어갔더니 목에 플라스틱 나팔관 같은 걸 걸친 누니가 거실에 모로 누운 채 꼬리만 흔들어서 내 귀가를 반겼다.

"수술 부위를 핥지 못하게 걸쳐 둔 건데 한 일주일은 저러고 있어야 한대요."

아내가 설명해 준 말이다.

그때까지만 해도 우리가 누니에게 무슨 일을 했는지 제대로 이해하지 못하고 있었던 게 사실이다.

'다른 방도가 없다는 결론에 도달한 끝에 내린 불가피한 결정' 이었다고 말했지만 그 불가피함은 전적으로 우리의 입장과 편의만을 고려한 불가피함에 지나지 않았던 것이었다.

— 도대체 나와 아내는 가엾은 누니에게 무슨 일을 저질렀단 말인가.

나는 머나 먼 이국땅의 해변을 혼자 걸으며 속으로 중얼거렸다.

가족을 가지고 싶어 하는 것은 모든 동물들의 죽음보다도 간절한 원망願望일 터이다. 그런데 나와 아내는 누니에게서 그 간절한 소망을 뿌리째 도려내고 만 것이다.

우리는 무슨 권리로 누구의 허락을 받고 그런 끔찍한 일을 자행했단 말인가.

누니의 눈에 때때로 고이는 그 깊이를 헤아릴 수 없는 외로움의 근원이 무엇일지 비로소 나는 헤아릴 수 있을 듯싶었다. 그리고 그

근원적인 외로움으로 누니를 내몬 것은 다름 아닌 바로 나 자신이었다. 그런 주제에 나는 누니를 가엾이 여기고 측은하게 생각하는 체했던 것이다. 이 얼마나 위선적이고 가식적인 일이란 말인가.

— 미안해, 누니야.

나는 허청허청 걸으며 바다 너머 쪽을 향해 중얼거렸다.

"용서해 줘, 누니야."

나는 그렇게도 덧붙였다.

5. 누나가 아프다

우리 발치에서 자던 누나가 간밤에 또 토했다.

•

•

•

누나의 심상치 않은 기척에 잠이 깬 나는 우선 불부터 켰다. 누나는 구토가 치밀 때면 늘 취하는 자세—목을 길게 빼고는 입을 크게 벌린 자세로 앉아서는 꾸륵꾸륵 속으로부터 치솟는 소리를 뱉어 내고 있었다. 나는 신문지를 한 장 찾아다 반으로 접어서는 얼른 누나의 앞에다 깔아 주었다.

누나가 위장으로부터 치솟는 소리를 뱉어 내고 있는 동안 내가 할 일은 아무것도 없었다. 나는 다만 근심스런 눈으로 들여다보고 있는 수밖에 없었다. 목구멍을 파열시키는 소리를 내며 누나가 최대한의 크기로 입을 벌리자 목구멍을 치밀어 올리던 내용물이 울컥 밖으로

튀어 나왔다.

"쯧쯧."

잠에서 깨어나 같이 지켜보고 있던 아내가 혀를 찼다.

아내는 누나가 노란 위액과 함께 토해 낸 육포와 참외 조각들을 손가락으로 뒤적거렸다.

"물에 씻어서 다시 먹여도 되겠네."

아내의 말은 과장처럼 들리지 않았다. 저녁에 누나가 허겁지겁 삼킨 내용물들은 전혀 소화되지 못한 채 누나가 그것들을 삼키기 전의 상태 그대로 위 속에 담겨 있었던 것이다.

"그러게 좀 천천히 씹어서 먹었어야지."

휴지로 누나의 입가를 닦아 준 아내가 누나의 머리를 한 번 쓰다듬어 주었다.

누나는 툭하면 먹은 걸 토해 낸다. 그러나 나는 누나의 그러한 구토 증세가 누나의 소화 기능에 심각한 이상이 생긴 탓이라고 보지는 않는다.

나는 누나의 식탐이 화근이라고 생각하고 있다. 누나는 맛있는 것은 일일이 씹고 있을 수가 없는 모양이다. 그냥 입에 넣자마자 꿀꺽 삼켜 버린다. 이처럼 음식물을 무작정 꿀꺽 삼키는 버릇 때문에 언젠

동물병원

가 누니는 다섯 차례나 방사선 사진을 찍어야 했던 적도 있다. 식탁으로부터 떨어진 엄지손가락보다 조금 큰 갈비 조각을 누니가 낼름 삼켰는데 그것을 수술을 통해 적출해 내야 될지도 모르는 상황에 대비하기 위해 수의사는 방사선 촬영을 통해 갈비 조각의 이동 과정을 면밀하게 관찰할 필요가 있었던 것이다. 누니가 종종 토하는 것도 분명 이 꿀꺽 삼키는 버릇과 무관하지 않을 것이다. 결국 먹을 것에 대한 누니의 과도한 욕구가 문제의 원인인 것이다.

누니의 식탐은 정말로 대단하다.

식탐은 개에 관한 전문서적이 꼽고 있는 코카 스패니얼 종의 특성 중 하나이기도 하다. 무엇보다도 식탐은 누니의 건강을 실제적으로 위협하는 주요한 원인이라는 점에서 문제가 아닐 수 없다. 그러나 진짜 문제는 어쩌면 누니의 식탐 자체가 아닐지도 모르겠다. 그것이 정말로 문제라면 그 문제는 누니의 양육자이며 보호자인 나나 가족들의 적절한 통제를 통하여 해결할 수 있을 것이다.

문제의 진정한 소재는 누니가 아니다. 아내나 여타의 가족들도 물론 아니다.

그것은 바로 나 자신이다.

나의 문제는 누니를 통제해야 될 내가 나 자신을 통제할 수 없다는 데 있다. 칼로리의 과잉 섭취가 누니의 건강에 나쁜 영향을 끼칠 수도 있다는 것에 대해서라면 누구보다도 내가 잘 안다고 말할 수 있을 것이다. 왜냐하면 나 자신이 바로 그런 문제로 고생하고 있기 때문이다. 그러나 아는 것과 실천하는 것은 정말로 별개의 문제인 모양이다.

나는 누니가 맛있는 것을 먹으며 행복해 하는 모습을 보는 즐거움을 도무지 양보하기가 어려운 것이다.

누니는 내가 먹는 것은 그것이 무엇이든 당연히 저와 함께 먹어야 된다고 생각하는 것 같다. 누니는 지금까지 무언가를 내가 혼자서 먹는 일을 결코 허용한 적이 없다.

내가 무언가를 먹으려고 하면 누니는 제가 먼저 자리를 잡는다. 내가 먹을거리를 들고 어디에 앉을지 누니는 정확히 예측하는 능력을 가졌다. 그렇게 얌전히 내 곁에 붙어 앉은 누니는 내 턱 밑으로 고개를 들이민다. 때로 나는 턱 밑의 누니를 짐짓 모른 척 무시해 보기도 한다. 그러나 오래가지는 못한다. 내 입에서 결코 눈을 떼지 않는 누니를 끝끝내 외면하고 있기는 불가능하다. 하기야 모른 척 외면한다고 누니가 마냥 얌전히 기다리고만 있는 것은 아니다. 누니 특유의 떼거지를 나는 도무지 감당할 수가 없다. 누니는 계속해서 칭얼거리고 우르릉 우르릉 짖는 소리를 내기도 하며 코로 턱을 치받기도 한다. 나는 결국 내가 먹는 모든 것—구운 고구마, 말린 과일, 땅콩 스낵…… 등의 주전부리는 물론이고 출출한 밤에 아내가 더러 안주거리로 장만해 내는 삶은 사태고기와 민어구이도 일정 분량을 누니 몫으로 배당하지 않을 수 없게 된다. 아이스 바 하나도 혼자 먹지 못한다. 내가 방해 받지 않고 먹을 수 있는 분량은 4분의 3 정도, 나머지를 누니의 입에 대 주면 누니는 긴 혀로 순식간에 녹여 먹고는 아쉬운 듯 빈 막대기를 핥는다. 이런 모습을 지켜보는 가족들이 잠자코 있을 리가 없다.

"누니 버릇 좀 그만 버려 놔요."

당장에 지청구가 날아든다.

"아빠는 정말 대책 없는 사람이야."

딸애까지 가세한다.

"개들한테는 특히 유제품은 금물이란 말이야."

"알았어, 알았어."

나는 즉각 내 과오를 시인한다.

"다음엔 절대 안 줄게."

나는 당장 반성한다.

“잘도 그러겠어요.”

내 반성의 진정성은 누구에 의해서도 받아들여지지 않는다. 나 자신조차도 받아들이지 않는다.

누니가 뭔가를 맛있게 먹는 모습을 지켜보는 게 나는 너무나 재미있다. 내가 맞춤한 크기로 조각을 내서 주는 배, 사과, 참외를 고개를 치켜들고 아삭아삭 씹는 모습을 보고 있자면 절로 웃음이 난다. 개의 치아 구조는 개가 육식 동물임을 보여 준다. 개의 날카로운 송곳니는 확실히 으깨기보다 찢기에 적합한 용도이다. 누니가 고개를 치켜드는 것은 과일 조각을 뾰족한 송곳니가 아니라 갈기에 적합한 안쪽의 어금니로 보내 씹기 위해서일 것이다.

나는 더러 누니가 좋아하는 간식거리를 찾기 위해 시장을 헤매기도 한다. 누니는 닭가슴살 육포를 유독 좋아한다. 그러나 포장과 가격이 비슷하다고 해서 아무 제품이나 집어 들면 안 된다. 유통기한이 지났거나 지나치게 방부제를 쓴 탓에 심각한 냄새가 나는 제품 등 불량품들이 섞여 있기 때문이다.

사료의 질도 천양지차이다. 어떤 것은 너무나도 악취가 심해서 몸서리를 치게 만드는 것도 있다. 아니 시중에서 판매되는 대부분의 사료에서는 정도의 차이가 있을 뿐 참기 어려운 악취가 난다.

나는 세상의 애견가들이 자신들이 그처럼 사랑하는 개들에게 이처럼 조악한 음식(이런 것을 음식이라고 지칭해야 한다니)을 태연하게 먹이는 일에 대해서 놀라움을 금할 수 없다. 그들은 개들에게 필요한 영양소들을 골고루 배합했다는 사료 제조업자나 판매자들의 광고를 백 퍼센트 믿는 모양이다. 그러나 상식적으로 생각해 볼 일이다. 그처럼 고약한 냄새나 풍기는 것에 대체 무슨 영양분이 골고루 배합될 수 있다는 말인가.

광고가 어느 정도 사실에 근거한다고 해도 문제가 해소되는 것은 아니라고 생각한다. 개들이 즐겁고 행복하게 먹을 수 있도록 영양분을 배합해서는 왜 안 된단 말인가.

끼니를 줄 때가 되었다 싶어 사료 그릇을 들이밀면 누니는 한사코 고개를 돌린다. 그릇을 들고 뒤를 쫓아다녀 봤자 소용이 없다. 나는 누니가 사료 먹기를 극단적이리만치 기피하는 게 이해가 되고도 남는다. 그것은 도저히 먹을 만한 게 못 되기 때문이다.

누니가 어떤 누니인가.

우리 가족이 취하는 먹음직한 음식 중에서 누니만 맛보지 못한 음식은 아무것도 없다. 짜거나 매운 것은 물에 씻고 빨아서 먹였다. 고소한 것, 달콤한 것, 향긋한 것, 새콤한 것은 물론이고 얕은맛이 나는 것과 깊은 맛이 나는 것에까지 누니는 두루 익숙하다. 그렇게 미각을 개발해 놓고는 느닷없이 악취가 진동하는 것을 들이밀다니, 이치에도 맞지 않는 터무니없는 처사에 누니는 배신감을 느낄 것이다.

하기야 우리는 이미 여러 달 전에 그런 방식으로 누니에게 사료 먹이기를 포기했다. 딸애가 누니에게 악취 풍기는 식사를 강제하는 대신에 누니가 즐겁게 사료를 먹을 수 있는 방법을 개발한 것이다.

먼저 닭고기나 소고기를 푹 곤다. 충분히 곤 국물에서 고기를 건져 낸 뒤 건져 낸 고기 일부와 배추 당근 등의 야채를 함께 갈아 넣고는 다시 한 번 살짝 끓인다. 그렇게 해서 완성된 고기 야채스프를 냉장고에 넣어 식힌다. 그리고 끼니때마다 알맞춤의 양을 접시에 떠 담아 오븐에 넣어 냉기를 걷어 내고는 거기에다 사료를 한 줌 말아서는 누니 앞에다 놓아 준다. 그러면 그처럼 고개를 젓던 누니는 수프는 물론 거기에다 만 사료까지를 순식간에 먹어 치우고는 그릇의 바닥까지 혀로 핥는다.

단지 동물에 불과한 개에게 그처럼 비용과 정성을 들일 필요가 있느냐고 말할 사람이 없지 않을 것이다. 그런 시각에 대해 생각처럼 부담스런 비용이 요구되는 일은 아니라거나(한 번 준비하면 일주일이나 열흘까지 먹일 수 있다) 조금만 마음을 쓰면 되는 일이라는 등의 변명을 덧붙이고 싶지는 않다.

참 심심하고 되게도 외로우신가 봅니다.

아마도 이렇게 비웃는 사람도 적지 않을 것이다. 남들이야 비웃든 말든 나는 그러나 크게 신경 쓰지 않는다. 나는 다만 누니가 조금만이라도 행복해졌으면 좋겠고 연명하기 위해 마지못해 먹지 않고 맛있기 때문에 행복하게 먹을 수 있기를 바랄 뿐이다.

맛있는 음식을 먹는 일은 얼마나 우리를 행복감에 젖게 하는가. 내가 누리는 행복을 내 작은 배려로 누니도 누릴 수 있다면 좋은 일이 아니겠는가.

행복을 누릴 권리는 동물들에겐, 혹은 개에겐 없다고 그 사이 우리는 태연하게 믿어 왔던 것일까. 하기야 이렇게 자문해 보는 일 자체가 또 다른 웃음거리일 것이다. 왜냐하면 동물 혹은 개의 행복이라는 문제가 논의거리가 된다고는 그 누구도 생각하지 않을 것이기 때문이다.

나 역시 예외가 아니다. 누니가 내 삶에 들어오고 내가 누니를 가엾게 여기게 되지 않았더라면 결코 이런 문제로 내가 글을 쓰고 있게 되지는 않았을 것이다.

정말로 누니가 행복해졌으면 좋겠다. 누니를 위해서뿐만 아니라 나를 위해서도 그랬으면 좋겠다. 누니가 행복해지는 걸 보는 일은 나를 행복하게 할 것이기 때문이다. 누니뿐만 아니라 모든 개들, 모든 동물들도 그랬으면 좋겠다. 인간만이 행복할 권리가 있다고 믿는다면 그것은 오만이고 독선이다. 내가 이런 생각에 미칠 수 있게 된 것은 오로지 누니 덕분이다. 누니가 나를 변화시킨 것이다. 나는 이 변화를 고맙게 받아들일 작정이다.

고맙다, 누니야.

날이 밝자 나는 누니를 동네의 단골 병원에 데리고 갔다.

수의사는 이런 저런 문진을 하고 체중을 달아 보고 방사선 사진까지 찍어서 자세히 들여다본 후 말했다.

"별다른 이상이 눈에 띄지는 않네요. 일시적인 증상인 것 같습니다. 너무 염려하지 않으셔도 되겠습니다."

나선 김에 나는 누니를 한 시간가량 산책을 시켰다.

차량 통행이 없는 안전한 산책로에 들어서자 나는 누니의 가슴 띠에 건 손잡이 줄의 고리를 풀어 주었다. 누니는 신나게 산책로를 내달렸고 비둘기를 쫓아 길가 숲으로 뛰어들었고 계단을 구르듯이 내려가기도 했다.

나는 뒤떨어져 걸으며 그런 누니의 모습을 지켜보았다. 그러나 평소처럼 미소를 띠고 그 모습을 지켜볼 수는 없었다.

"그런데……."

안도하고 병원을 나서려는데 누니의 진료 기록부를 들여다보고 있던 수의사가 나를 멈칫 세웠다.

"누니의 체중 증가 속도가 좀 빠르네요. 지난번 달아 보았을 때보다 1킬로나 늘었습니다. 이런 속도로 체중이 증가하면 여러 가지 문제가 발생할 수 있습니다. 당뇨, 디스크…… 등에 노출될 위험이 상대적으로 높아지니까요. 체중이 8.5킬로가 넘으면 미용 비용도 껑충 뜁니다."

수의사의 말을 들은 나는 한동안 멍하니 서 있다가 물었다.

"그러면…… 어떻게 해야 되지요?"

스스로 생각해 봐도 멍청한 질문이었다. 수의사가 웃었다.

"사람의 경우나 똑같겠지요, 뭐. 칼로리 섭취를 줄이고 운동 양을 늘려야 되겠지요."

'미안하다, 누니야.'

이번에는 참새 한 마리를 쫓아서 숲으로 펄쩍 뛰어들고 있는 누니를 바라보면서 나는 중얼거렸다.

"내 어리석고 분별없는 마음이 그리고 내 부족한 인내심이 너를 그만 커다란 위험에 빠뜨렸구나."

나는 지붕으로 그늘을 만든 벤치가 나타나자 거기에다 털써덕 엉덩이를 내려놓는다. 한바탕 신나게 뛰고 달린 누니가 내 쪽으로 돌아왔다. 저도 좀 쉬어야겠다고 생각했는지 벤치에 뛰어 오르더니 내 옆에 붙어 앉았다.

"누니야."

나는 두 손으로 누니의 머리를 잡고는 누니의 눈을 들여다보았다.

"의사 선생님 말을 너도 들었지? 너는 먹는 양을 줄이지 않으면 안 된대. 안 그러면 너한테 진짜 병이 생길지도 모른대. 난 네게 그런 일이 생겨서는 안 된다고 생각해. 그래서 난 앞으로는 너한테 좀 매정

해지려고 마음을 단단히 먹었어. 다시 말하지만 오늘 이후로는 네 떼거지를 무작정 받아 주지 않을 거야. 그러나 너무 서운하게는 생각지 마. 알았지?"

누니는 그러나 내 말을 진지하게 받아들이는 기미가 아니다. 누니는 혀를 내밀더니 낼름 내 코를 한 번 핥았다. 쓸데없는 소리는 하지 말라는 듯.

6. 애정 서열 3번

누니의 애정 서열은 매우 엄격하다.

·

·

·

누니가 제일 좋아하는 건 딸애고 그 다음은 아내이다. 나에 대한 애정 서열은 요지부동 3번이다.

누니는 유독 사람을 바치는 편이다. 산책로에서 마주치는 다른 개의 주인들과 얘기를 나눠 봐도 누니가 다소 유별스러운 게 사실인 것 같다. 보통의 애완견들은 주인의 과도한 애정 표현을 귀찮아하는 모양이다. 주인이 자꾸만 쓸어대고 어루만지면 슬그머니 손아귀로부터 빠져나가 집 안의 구석진 자리로 숨어든다는 것이다.

그러나 누니는 정반대이다. 누니는 한시도 저 혼자 있으려고 하지

않는다. 내가 소파에 쿠션을 끼워 넣고는 다리를 길게 뻗고 기대 누워 책을 읽거나 텔레비전을 보고 있노라면 누니는 내 가랑이 사이에 자리를 잡고는 내 무릎에 턱하니 제 턱을 걸친다. 신문을 읽고 있을 때는 코로 신문을 밀어내고 달랑 내 무릎에 올라앉기도 한다. (지금 나는 녀석을 들어 무릎에 앉힌 채 멀찍이 손을 뻗은 상태로 띄엄띄엄 컴퓨터의 자판을 두드리고 있는 중이다.)

이처럼 나한테 달라붙어서는 떨어지려 하지 않지만 누니가 그러는 것이 녀석이 다른 사람보다 나를 특별히 따르기 때문은 아니다. 사실은 집 안에 달라붙을 사람이 나밖에 없기 때문에 내게 달라붙는 것일 뿐이다.

외출했던 딸애가 귀가하거나 집안일을 마친 아내가 소파에 등을 기대고 편하게 자리를 잡으면 누니는 마치 성장한 새가 쓸모가 없어진 둥지를 미련 없이 버리고 훌쩍 날아가듯이 돌변해서는 나를 걷어찬다.

녀석이 딸애나 아내 쪽으로 옮겨 앉으면 나야 저리던 무릎을 펼 수 있어서 좋기는 하다. 그러나 다른 한 편으로는 세 번째에 불과한 내 서열이 새삼 확인되는 것 같아 떨떠름한 느낌에 사로잡히게 되는 것도 사실이다.

이 서열은 나름대로는 매우 자연스럽고 논리적인 과정을 거쳐 형성된 것처럼 보인다. 누니는 딸애를 믿고 따라서 우리 집에 왔고 여타의 가족들이 누니를 입양하는 문제에 부정적이거나 소극적이었던 동안 혼자서 누니를 보살피다시피 했다. 우리 집에 온 지 반년이 가까워 올 때까지도 누니는 딸애의 곁에만 잠자리를 잡았다. 누니가 딸애에게 다른 어떤 가족에 우선해서 애정과 신뢰를 가지는 건 누니의 입장에선 너무나 당연한 일일 것이다.

누니가 딸애 다음으로 아내를 믿고 따르는 것 역시 이해하기에 어려운 일이 아니다. 아내는 거르지 않고 끼니를 챙겨 먹이는 일을 포함해서 실질적으로 저를 보살펴 주는 사람일 뿐만 아니라 하루 중 가장 많은 시간을 제 곁에서 저와 함께 시간을 보내 주는 사람이기도 하기 때문이다.

그러고 보면 녀석이 충성을 바쳐야 할 첫 번째 순위의 사람은 딸에게서 아내 쪽으로 바뀜이 옳을 듯도 싶다.

그러나 실제로 그런 변화가 일어날 가능성은 전혀 보이지 않는다. 요컨대 처음에 확립된 녀석의 가족에 대한 애정의 서열은 녀석이 우리와 함께 살게 된 이후로 단 한 차례도 흔들리는 기미를 보인 적이 없다.

그리고 바로 그러한 사실을 나는 쉽게 납득하기 어렵다.

분명 누니는 딸애를 통해서 입양되었고 딸애를 따라서 우리집에 왔다. 그러나 딸애의 역할은 거기까지였다. 딸애는 친구가 전화를 걸어오면 누니를 내팽개치다시피 집에 혼자 버려 두고 외출해서는 밤이 늦어서야 돌아온다.

누니가 그토록 좋아하는 신선한 닭가슴살 육포를 사기 위해 아파트의 지하상가를 열심히 뒤지고 다니는 사람이나 누니가 심심해 하는 눈치를 보이면 지체 않고 산책길에 데리고 나서는 사람은 딸애가 아니다. 그것은 나이거나 아내이다.

내가 누니라면 아내에 대해서도 재고해 보겠다. 아내는 입만 열면 누니 때문에 힘들어 죽겠다고 불평불만이다. 이놈 새끼, 라고 상스럽게 말하기도 하고 그만 좀 달라붙어, 귀찮아 죽겠단 말이야, 라며 누니를 밀쳐 내기도 한다. 극단적인 말도 서슴지 않는다. 누니를 그만 남에게 줘버렸으면 좋겠다는 것이다.

나를 외면하고 그런 아내 쪽으로 옮겨 앉는 누니를 나는 도무지 이해하기 어려운 것이다. 요컨대 누니가 내게 부여한 지위가 내게는 불만스럽게만 생각되는 것이다.

내가 학교 일이나 건강을 관리하는 문제 등으로 저를 보살피는 일에 더 많은 시간을 내지 못하고 있는 건 사실이지만 저를 사랑하는 마음 하나만은 가족 중 누구에게도 뒤지지 않는다고 나는 자처한다. 좀 치사스럽게 들릴 얘기긴 하지만, 저를 실질적으로 부양하는 사람은, 제가 첫 번째로 치는 딸애나 그 다음으로 꼽는 아내가 아닌 바로 나라는 사실도 참작돼야 한다고 나는 내심 생각한다.

무엇을 기준으로 판단하더라도 누니가 내게 부여한 지위는 공평한 것이 아니다. 내 서열은 첫 번째는 아니더라도 적어도 두 번째쯤은 되어야 마땅하다고 나는 생각하는 것이다.

나는 마음속의 불만을 마음속에 그대로 쌓아만 두고 있었던 것은 아니다. 사실을 말하자면 나는 누니가 우리 가족에게 부여한 엄격한 서열의 파괴에 도전해 볼 기회를 호시탐탐 노리고 있었던 건지도 모른다. 그리고 기다리던 기회가 찾아왔다. 나는 여름방학을 맞았고 목표를 이루기 위한 충분한 시간과 여유를 갖게 된 것이다.

누니의 어떤 부분을 공략하는 게 확실하게 효과를 낼 수 있을지를 판단하는 것은 조금도 어려운 일이 아니다.

누니의 가장 취약한 부분은 바로 닭가슴살 육포와 삶은 사태고기이다. 누니에게 모든 먹잇감은 유혹의 대상이지만 특히 그 두 가지에 대한 누니의 탐욕은 말로 설명하기가 힘들 정도이다. 닭가슴살 육포를 찾기 위해 지하상가를 누비는 얘기는 앞에서 쓴 바 있다.

삶은 사태살코기 얘기도 언뜻 비친 바 있는데, 나를 개인적으로 잘 아는 사람들이라면, 내 아내가 나를 위해 사태 삶은 수육을 안주로 장만한다는 얘기에 고개를 갸웃거렸을 것이다.

왜냐하면 남들의 눈에는 거의 괴상하게 보일 정도로 유별난 내 식성에 대해 그들은 알 만큼 알고 있는 터이기 때문이다.

나는 극단적이리만치 육식을 기피한다.(만두 등 고기를 넣고 만든 음식과 설렁탕과 육개장 그리고 곰탕 등 고기를 삶거나 우려서 만든 음식을 나는 먹지 않는다.) 특히 그것이 동물성이든 식물성이든 가리지 않고 나는 모든 기름기와 지방질을 싫어한다.(들기름과 참기름은 물론 옥수수기름과 올리브유를 포함하는 모든 식용유를 친 음식과 그것들로 튀겨낸 음식도 먹지 않는다. 마가린과 버터 역시 마찬가지이다.)

싫어한다기보다 혐오한다고 말하는 편이 옳겠다. 그리고 내가 그것들을 기피하고 혐오하는 데는 아무런 이유나 논리적 근거가 없다. 나는 그것들이 무조건적으로 싫고 어찌해 볼 수 없이 혐오스럽게 느껴지는 것이다.

나는 생선을 좋아하지만 생선에 대한 내 기호도 몹시 편협하기만 하다. 내가 즐겨 먹는 생선 요리는 대구, 생태, 오징어를 재료로 삼은 요리인데, 이 요리들의 공통점이 무엇인지는 한눈에 알아볼 수 있을 것이다. 그것들은 한결같이 기름기가 뜨지 않는 요리—담백한 요리라는 공통점을 가진다.(이런 내 식성은 내 가족은 물론 나에게 교분을 허락해 준 주변의 많은 분들에게 크나큰 불편을 끼쳤다. 나는 그분들로 하여금 자신들의 음식과 음식점에 대한 기호와 선호를 종종 유보하게 만들곤 했기 때문이다. 그런 양보를 해 준 분들께 고마운 한편으로 몹시 죄송스럽다는 말을 전하고 싶다.)

얘기가 좀 엉뚱한 방향으로 흘렀지만 사실 사태고기 안주야말로 누나에 대한 나의 작전과 무관하지 않다.

기온이 치솟기 시작한 어느 날 오후 나는 지치고 허기진 모습을 하고 집에 돌아왔다.

"점심이나 먹고 다녔어요?"

옷도 갈아입지 않고 소파에 고꾸라지는 나를 들여다보던 아내가 물었다.

"글쎄…… 뭘 좀 먹기는 했는데."

짐짓 내가 꺼져 드는 목소리로 말하자 아내가 한숨을 내쉬었다.

"헛배나 불리면 뭣해요. 영양 되는 걸 먹어야지."

사태 삶은 수육이 식탁에 오르기 시작한 건 바로 그날 저녁부터였다.

"기름기 하나도 없는 고기예요. 음식으로 생각지 말고 약으로 생각하고 먹어요."

사태고기 삶는 냄새가 풍기기 시작하면 누니는 몸이 닳고 안달이 나서 주방 주위를 맴돌기 시작한다.

"누니에겐 주지 말아요."

아내는 끓는 물에서 건져 낸 고기를 썰며 말하지만 자신의 말대로 되지 않으리라는 사실은 아내가 더 잘 안다.

나는 위스키를 한 잔 홀짝 털어 붓고는 수육 한 점을 후추 소금에 찍어 입에 넣고 씹는다. 씹기를 계속하면서 접시를 살피다가 좀 얇게

썰린 수육 한 점을 엄지와 검지로 집어서는 식탁 밑 내 발치에서 눈을 번뜩이면서 올려다보고 있는 누니의 입에다 넣어 준다. 서너 점까지는 아내는 눈만 흘기는 정도로 넘어가 준다.

그러나 더 이상은 안 된다.

“한우 사태 한 근이 얼만지 알기나 해요?”

내가 적당한 선에서 자제하지 못하게 될 때 아내가 내게 쏘아붙이는 말이다.

“이제 그만.”

나는 식탁 밑에다 대고 단호한 목소리로 말함으로써 아내를 안심시킨다. 그러면서 한 손에 숨기고 있던 고기를 슬그머니 누니의 입에다 넣어 준다.

어떨 땐 그런 눈속임이 들통이 나서 곱빼기로 야단을 맞기도 한다. 그러나 누니의 환심을 살 수 있다면 그 정도의 위험은 감수할 가치가 있다고 나는 생각한다.

나는 내 지위의 향상을 위해 닭가슴살 육포와 사태 삶은 고기만을 이용한 건 아니다. 나는 자청해서 산책에도 누니를 앞장 서 데리고 다녔다. 누니가 확실하게 알아듣는 말 중의 하나가 '산책하러 나갈까' 이다.

"누니야, 우리 산책하러 나갈까?"

그 말은 누니를 자동 기계처럼 반응하게 만든다. 누니의 눈에 번쩍 불이 켜지고 단박에 숨결이 가빠진다. 말하자면 맛있는 먹을거리와 밖에 데리고 나가 주는 일은 누니의 환심을 사는 일에 즉각적으로 효력을 내는 가장 확실한 두 가지 항목이다.

나는 이러한 사실에 착목해서 스스로 생각해도 멋진 아이디어를 개발해 냈던 것이다. 누니가 좋아하는 두 가지를 결합함으로써 누니를 두 배로 기쁘게 해 준다는 아이디어가 그것이다.

누니를 산책에 데리고 나설 때 나는 누니가 좋아하는 닭가슴살 육포를 몇 개 바지 주머니에 넣고 나가는 것이다. 그랬다가는 한바탕 뛰고 달린 누니가 벤치에 앉아 쉬고 있는 내 곁으로 돌아왔을 때 그것을 하나씩 꺼내 누니의 눈앞에다 흔들어 보인다.

누니가 얼마나 행복해 하고 내게 고마워하는지는 누니의 행동이 보여 준다. 누니는 내 무릎으로 뛰어올라서는 내 턱이며 입가며 코를 닥치는 대로 핥아 대는 것이다.

나는 그러는 녀석의 양쪽 겨드랑이 밑에 손을 넣어 들어 올리며 흡족한 목소리로 말한다.

“그래 그래, 알았다 알았어.”

이만하면 내 작전이 제대로 먹혀들고 있다고 믿어도 되지 않을까 나는 낙관해 본다.

그러나 정작 나는 목표를 달성하기 위한 내 회심의 계책에 대해서는 지금까지 한마디 언급조차 내비치지 않았다. 내 회심의 계책이란 누니를 경쟁자들부터 차단시키고 누니와의 시간을 독점한다는 계책이다. 나는 우선 딸애를 어딘가로 쫓아 보낼 궁리부터 했다

.

“너도 어디 한 번 다녀와라.”

베트남 여행에서 돌아온 다음 날 아내는 딸애에게 말했다.

“그래 그렇게 해라.”

나도 반대하지 않는다는 의사 표시를 분명히 했다. 그렇게 해서 딸애는 뉴욕으로 여행을 떠났다. 인터넷을 뒤진 끝에 뉴욕행의 싼 비행기 표를 구할 수 있었고 뉴욕에는 한 달쯤은 공짜로 먹여 주고 재워 줄 사촌이 있기 때문이다.

그곳에서 버틸 만큼의 경비는 아내가 마련해 주는 걸 눈치 채고 있었지만 여행을 떠나기 전 날 나는 내 용돈을 털어 바꿔 온 100달러

를 딸애에게 슬그머니 내밀었다.

"백수 주제에 이처럼 호화여행을 해도 되나?"

내 속심을 알 리 없는 딸애가 입이 찢어져서 하는 말이었다.

아내를 집 밖으로 내모는 데는 돈 한 푼도 들지 않았다.

"이번 여름엔 내가 주로 집을 지킬 테니 당신은 마음껏 나들이를 하구려."

"모처럼 원고라도 좀 써 보려구요?"

"글쎄……."

이렇게 해서 나는 온 종일을 오롯이 누니와 둘이서만 시간을 보낼 수 있게 된 것이었다.

아침나절 두어 시간을 나는 컴퓨터 앞에 앉아서 보냈고 점심 때가 될 때까지는 읽다 둔 신문을 마저 읽거나 텔레비전의 골프 중계를 보았다.

내가 컴퓨터 앞에 앉아 있을 동안에는 누니는 주로 거실에 모로 누워 간밤의 부족했던 잠을 보충한다. 그러고 있다가는 내가 소파로 옮겨 앉으면 누니는 즉각 거실에서 몸을 일으키고는 소파의 내 옆자리로 뛰어오른다.

나는 내 곁에 온 누니를 좀 더 바짝 끌어당기고는 한 손으로 누니의 배를 쓸어 준다. 누니는 내가 제 배를 쓸어 주는 걸 매우 좋아한다. 내가 손으로 쓰다듬기 시작하면 누니는 제 배를 천장 쪽으로 향하게 드러내고는 두 다리를 벌린다. 내가 고루 제 배를 쓰다듬을 수 있도록 자세를 만들어 주는 것일 터이다.

그렇게 다리를 벌린 채 배를 드러내고 있는 누니의 눈빛에선 아무런 불편감이나 불만의 기색도 찾을 수 없다. 마냥 편안하고 태평스럽기만 한 모습이다.

녀석은 더러 제가 베고 있는 내 넓적다리에다 콧잔등을 한 번 부비거나 눈을 치켜뜨고는 핼끔 한 번 나를 올려다보기도 한다. 고개를 일으키고는 제 배를 쓰다듬고 있는 내 손등을 낼름 한두 번 핥아 주기도 한다. 내게 통째로 저를 내맡긴 채 아무런 불편감이나 불만도 느끼지 않는 누니처럼 나는 누니의 배를 쓰다듬으며 누니와 함께 보내는 아침 나절의 이 한가한 시간이 즐겁다.

무심히 그렇게 배를 쓰다듬고 있다가 가슴에 말라붙은 누니의 콩알 반쪽보다도 작은 유두를 감촉하고는 불현듯 저림 같은 게 가슴에 스미는 걸 느끼기도 한다.

그 순간 나는 머나먼 베트남의 하롱베이에서 만난 치와와 암컷의 풍요롭게 늘어뜨려진 젖을 떠올리고 있었던 것이다. 새끼들이 배불리 빨아 먹기에 충분하리만치 풍요로워 보이던 젖이었다.

불임시술을 받지 않았더라면 필경 누니도 지금쯤은 하롱베이의 치와와 암컷처럼 제 새끼를 먹이기 위한 풍요로운 가슴을 가지게 되었을 것이다. 만일 그랬더라면 누니도 제 가족을 가질 수 있게 되었을 것이고 가족들과의 다정하고 행복한 시간을 누리고 있을 수도 있었을 것이다.

"가엾은 우리 누니야."

나는 한동안 누니의 눈 속을 들여다본다.

"우리 점심이나 먹자."

나는 누니의 엉덩이를 한 번 토닥여 주고는 소파로부터 벌떡 몸을 일으킨다.

아내는 완벽하게 식탁에다 점심을 차려 놓고 외출했다. 레인지에 얹어둔 김치찌개를 데우기 위해 가스불을 켜는 것 말고 내가 달리 할 일은 없다.

찌개를 데우는 동안 나는 냉장고에서 '누니 꺼' 라는 쪽지가 부착된 플라스틱 통을 꺼낸다. 거기엔 고기 삶은 국물에다 신선하고 영양가 있는 재료들을 갈아 넣고 끓인 누니 전용의 수프가 들어 있다. 나는 적당 분량의 수프를 떠담은 접시를 오븐에 넣는다. 냉기가 가신 수프 접시를 꺼내서는 거기에다 반 주먹쯤의 사료를 섞은 후 그 접시를 누니의 앞에다 놓아 준다 그때쯤이면 찌개도 충분히 데워진다. 뜨거워진 찌개 냄비를 조심스럽게 식탁에다 옮겨 놓으면 이제 의자에 앉아 수저를 잡는 일밖에 남지 않는다.

"누니야, 우리 맛있게 먹자."

나는 식탁 밑으로 고개를 숙이고 누니에게 즐거운 목소리로 말한다.

점심을 마치고 나면 나는 다시금 두어 시간을 컴퓨터 앞에서 보낸다. 일이 풀리지 않는다 싶으면 기꺼이 중단하고 인터넷을 연다. 그러나 나는 초보자에 불과하므로 충분히 인터넷을 즐기지는 못한다. 나는 기껏 포털 사이트 두어 군데를 잠시 들어갔다가 금방 나와서는 모니터에다 바둑판을 띄운다.

심심해진 누니가 바둑을 두는 내게 다가와 앞발을 치켜들면 나는 누니를 번쩍 들어 올려서는 무릎에 얹은 채 바둑 두기를 계속한다. 그러고 있다 보면 시간은 어느새 두어 시간의 배나 흐른다. 산책길에 그늘이 깃들 시각이 된 것이다. 나는 내 무릎에 앉아 있는 누니를 내려다보며 말한다.

"누니야, 우리 밖에 나갈까?"

누니가 고개를 치켜들고 기대에 찬 눈길로 나를 올려다본다. 나는 누니가 확실하게 알아들을 수 있도록 다시 한 번 분명하게 말해 준다.

"산책하러 나가자, 누니야."

누니는 후닥닥 바닥으로 뛰어내린다.

누니에게는 놀라운 점이 한 가지 있다. 누니는 결코 되풀이되는 일에 싫증을 내거나 지치는 법이 없다. 이번 여름을 누니와 함께 보내며 새삼 내가 느낀 사실이다.

되풀이—반복은 우리가 가장 두려워하고 기피하는 삶의 현상이다. 나날의 변화 없는 되풀이는 우리를 주눅들게 만들고 기진맥진하게 만든다. 세상에서 철학자라고 불리는 어떤 이는 '우리의 삶은 반복에 의해 심화된다' 고 말한 바 있다. 매우 우아하고 심오한 뜻이 담긴 말처럼 들린다.

그렇지만 그 말은 철학적 수사일 뿐, 반복은 우리의 삶을 결정적으로 억압하는 부정적 요인에 불과하다. 반복은 또한 우리의 삶을 '치명적으로 좀먹는 질병(보들레르는 질병이 아니라 원수라고 불렀다)'— 권태의 원인에 다름 아니다. 권태라는 삶의 사막에 한번 떨어지면 우리는 숨 막히는 더위와 타는 갈증에서 헤어날 수 없다.

따라서 우리 삶의 본질적인 형식이 반복이라는 사실은 우리 삶의 근원적인 비극성을 암시한다.

산책은 누니에게는 말 그대로 거의 매일이다시피 되풀이되는 일—일상사에 지나지 않는다. 눈이 퍼붓고 비가 쏟아지지 않는 한 나나 아내 그리고 딸애 중 한 사람은 반드시 누니를 데리고 산책을 나간다. 그런데 누니는 단 한 번도 싫은 내색을 보이거나 억지로 끌려나선 적이 없다.

그와는 정반대라고 말해야 옳다. 신기하게조차 생각된다. 매일 되풀이되는 일을, 어떻게 마치 매번이 생전 처음의 일인 것처럼, 그렇게 신이 나서 이리 뛰고 저리 뛰며 좋아서 난리를 칠 수 있는 것일까. 누니에게서 나날은 매일매일이 새롭고 하루하루가 신기하기만 한 것일까. 산책에 따라나설 때의 누니를 보면 그럴지도 모르겠다는 생각이 들기도 한다.

요컨대 누니의 환심을 사는 건 '식은 죽 먹기' 보다 쉬운 일이었다. 산책에만 데리고 나가 주면 되는 일이었기 때문이다. 그렇게 하는 것은 조금도 어려운 일이 아니었다.

나는 여름방학 중이었고 특별히 나를 얽매는 일은 아무것도 없었기 때문이다. 무엇보다도 아름다운 양재천을 산책하는 건 누니만을 즐겁게 하는 일이 아니었다. 나 역시 즐겁다.

산란기를 맞아 한강으로부터 거슬러 오른 잉어들로 물 반 고기 반인 양재천을 구경하기 위해 먼 동네에서까지 구경 온 사람들로 양재천은 야단법석을 이루고 있었다. 수십 마리씩 떼를 지어 서로 몸을 부비고 꼬리로 소리 나게 물을 내리치기도 하는 잉어들의 드러난 등이 초여름의 부신 햇빛을 받아 섬광처럼 번쩍인다. 들먹거리는 잉어들을 구경하는 일에 정신이 팔린 나는 말 그대로 시간 가는 걸 잊어먹는다. 그 장관을 좀 더 즐기기 위해 수은주가 최고로 치솟은 어느 날은 집에 돌아와 한바탕 샤워로 몸을 식힌 후 다시 누니를 데리고 나선 적도 있다.

그런데 놀라운 일이었다. 거실에 누워 여태도 혀를 뺀 채 헐떡거리고 있던 누니는, 또 나갈까, 라는 내 말에 즉각적으로 몸을 일으키는 것이다.

이번 여름을 나는 누니가 우리와 함께 살게 된 이후 그 어느 때보다도 많은 시간을 누니와 함께 보내고 있는 중이다.

성과는 노력에 비례하기 마련이다. 친구들과 어울려 시간 가는 줄 모르는 하루를 보내고 저녁에나 집에 돌아오는 아내를 대하는 누니의 태도에서는 확실한 변화가 느껴진다. 소파의 내 옆자리에 아내가 와 앉지만 누니는 그쪽으로 자리를 옮기려는 눈치를 보이지 않는 것이다.

"누니야, 이리 와 봐."

서운해진 아내가 녀석을 안아 가기 위해 두 손을 뻗자 왁, 누니는 아내의 손을 물려는 시늉을 한다.

"어쭈, 이 녀석 봐라."

아내는 녀석의 머리를 한 번 쥐어박는 시늉을 해 보인다.

그러한 모습들을 지켜보며 내심 내가 회심의 미소를 짓는 것은 너무도 당연스런 일이다. 내 야심찬 목표가 차질 없이 달성되어 가고 있음이 확실하기 때문이다.

다음 주면 뉴욕의 사촌 집에 놀러간 딸애가 돌아온다.

딸애는 매일이다시피 뉴욕의 풍경들을 사진과 동영상으로 찍어 제 엄마의 이메일로 보내 온다. 뉴욕 여행의 재미를 만끽하고 있다는

사실을 입증해 주기에 부족함이 없는 자료들이다. 아마도 딸애는 집에 돌아와 현관문을 여는 순간 한 달간 뉴욕 여행의 재미를 듬뿍 누린 대가가 무엇인지 깨닫게 될 것이다.

"누니야, 너 이럴 수 있어?"

배신감을 느낀 딸애의 목소리가 들리는 것 같다.

어쩌면 그런 일은 상상에 그치고 말지도 모르겠다는 생각이 들기도 한다.

누니는 나와 즐거운 시간을 보내고 있다가도 어느 순간 슬그머니 일어나 현관으로 나가곤 한다. 그리고는 현관의 차가운 바닥에 가만히 엎드린다. 나는 누니가 어떨 때 그렇게 현관의 차가운 바닥에 가 엎드리는지 알고 있다. 그것은 귀가하지 않은 가족 중의 누군가를 기다릴 때 누니가 하는 행동이다.

도대체 누니는 그렇게 엎드려서 누구를 기다리는 것일까.

목표의 달성이 생각처럼 쉽지만은 않을지도 모르겠다는 생각에 문득 나는 사로잡힌다. 결과가 궁금해서라도 빨리 딸애가 여행에서 돌아왔으면 좋겠다.

7. 왜 사냐고?

밖에 나가 있다 보면 더러 누니가 눈앞에 어른거리곤 한다.

•

•

•

누니는 지금 어떻게 하고 있을까. 누가 산책은 시켰을까. 오늘은 누니가 몇 번이나 똥을 눴을까.

나는 집에다 전화를 걸어 본다.

"무슨 일이시우?"

내 전화를 받은 아내가 묻는 말이다.

"무슨 일은 무슨 일, 누니가 궁금해서 한 번 전화했지."

그런 나를 아내는 '하릴없는 사람' 이라고 핀잔한다. 그러나 나는 아무런 변명거리도 둘러대지 않는다. 스스로가 생각해도 아내의 눈에 내가 그런 사람으로 비치는 것은 당연스럽기만 한 일처럼 생각되기 때문이다. 그러나 내가 틈틈이 집에다 그런 전화를 거는 것은 하릴없는 일일지는 몰라도 내 나날의 삶에서 누니가 차지하는 비중을 암시하기에는 충분한 일이다.

젊은 시절 내 삶의 동력은 문학이었다. 나는 앉아서도 누워서도 작품을 궁리하고 생각했다. 심지어 꿈속에서도 작품을 쓰고 있었다. 그 시절 내게는 좋은 작품을 창작하는 것 말고 의미 있고 보람 있는 일은 아무것도 없었다.

좋은 작품, 감동스런 한 편의 소설은 단순히 내 이상이고 꿈이라고 말하는 것으로는 부족하다. 그것은 내가 존재하는 이유이고 내가 생애를 걸고 추구하는 목표였다.

재떨이에 수북이 꽁초를 쌓고 방바닥 가득 파지를 흐트러뜨리며 새웠던 수많은 밤들이 생각난다.

지금에 와서 생각해 보면 끔찍스런 시간들이지만 한편으로 아련하게 향수를 불러일으키는 시간들이기도 하다.

원고료를 받고 작품을 팔기 시작한 것은 내 나이 스물예닐곱 무렵

의 일이다. 그리고 마흔두셋에 작품 쓰기를 중단했으니 나는 대략 15, 6년을 작가로 산 셈이다.

한동안 주변으로부터 왜 작품을 쓰지 않느냐는 소리를 듣곤 했다. 그러면 나는 농담 반 진담 반으로 대답하곤 했었다.

"십 년이 넘게 소설을 썼지만 기대했던 것만치 주문이 쇄도하지를 않네요. 그러니 폐업할 수밖에요."

그러나 누군가가 지금 다시 물어 준다면 나는 좀 더 구체적이고 꾸밈없는 대답을 들려줄 수 있을지도 모르겠다는 생각을 한다.

내게는 직업 작가로서의 재능이 애초에 부족했거나 설령 조금 있었더라도 그 하찮은 재능이 모두 고갈된 사실이 명백히 드러난 탓에 나는 작가생활을 그만두었다.

실패를 자인하는 건 몹시도 쓰라린 일이다. 하지만 일단 실패를 받아들이고 나면 마음은 편해진다. 싸움에서 얻어맞고 뒤로 널브러져 사지를 땅바닥에 내맡겨 본 경험이 있는 사람이라면 이 편한 느낌이 무엇인지 잘 알 것이다. 그것은 한 점 미련이나 아쉬움도 남지 않은 편안함, 모든 부끄러움과 원한의 감정조차도 가슴에서 증발해 버린 것 같은 후련한 해방감이다.

평화란 어쩌면 이러한 마음의 상태를 가리키기에 가장 적절한 말일지 모르겠다.

그러나 이러한 평화는 오래 지속될 수 없는 법이다.

평화에는 두 가지 종류가 있다. 채움으로써 얻어지는 평화와 비움으로써 찾아오는 평화가 그것이다. 전쟁에서 이긴 쪽에게 찾아오는 평화가 있고 진 쪽이 맞는 평화가 있는 것과 마찬가지의 이치이다. 따라서 같은 이름으로 불리기는 하지만 두 평화의 내용은 낮과 밤처럼 다르다.

포만감—가득 채움으로써 나른해지고 편해진 마음과 고갈과 빼앗김의 결과—결핍이 초래한 공복감이 어찌 같은 이름으로 혼동될 수 있겠는가.

작품 쓰는 일을 내가 더 이상 꿈꾸지 않게 되었다는 것은 내 삶에서 가치 있고 보람 있는 목표를 추구하는 노력을 그만 포기했다는 사실을 뜻한다.

이제 앞으로 내가 떠안게 될 삶은 어떤 형태로든 지금까지 내가 살았던 그것과는 다른 모습의 삶이 될 수밖에 없을 것이다. 나는 이 변화를 '이전에 몸담았던 세계로부터 다른 세계로 거주를 옮긴 것'이라는 식으로 과장하지는 않겠다. 아니 어느 면에서는 그러한 표현

은 내가 맞게 된 변화의 현실을 잘 함축하고 있다고 말할 수 있을지도 모르겠다.

과거의 내 삶은 팽팽한 긴장감이 감싸고 있었다. 나는 약속된 날짜까지 원고를 써야 하고 그러기 위해서는 한가롭거나 여유를 부릴 겨를이 없는 것이다. 시간은 밀도와 중량감을 가지고 내 어깨를 눌렀고 어떨 때는 몸을 옥죄기도 했었다.

그랬었는데,

'어느 순간' 나는 그간 나를 감쌌던 시간의 밀도와 중량감이 감쪽같이 사라져 버린 것을 깨닫게 된 것이다. 말하자면 나는 지금까지 내가 몸담아 본 적이 없는 한없이 느슨하고 헐렁한 시간의 공간이 나를 감싸기 시작한 걸 깨닫게 된 것이었다.

나는 어깨를 펴 보았고 늘어지게 하품도 해 보았다. 책상에 두 다리를 꼬아 얹고 한껏 뒤로 젖힌 의자에 몸을 맡긴 채 연구실 창밖의 푸른 하늘을 마냥 바라보았고 뒷짐을 지고 어슬렁어슬렁 거리를 배회해 보기도 했다. 작정이나 예정은커녕 목적지조차 상정하지 않은 채 고속도로로 차를 몰아 보기도 했다.

뜻밖에도 이 새로운 세계는 내게 특별히 낯설다는 느낌을 주지 않았고 나를 크게 불편하게 만들지도 않았다. 요컨대 나는 내가 새롭게 몸담게 된 세계에 아무런 불만도 품지 않았다.

아마도 그래서였을 것이다. 나는 나를 옥죄고 숨 막히게도 했던 세계와 결별하기를 잘했다고 생각했다.('결별' 이라는 어휘는 잘못 사용된 것일지도 모르겠다. 그것은 헤어짐의 행위를 능동적으로 주도한다는 뜻을 갖는 말이기 때문이다. 그런데 나는 엄밀하게 말해서 그 세계로부터 스스로 걸어 나온 것이 아니고 그 세계에서 쫓겨난 데 지나지 않는다. 쫓겨난 사유는 명백하다. 그 세계에서는 능력과 재능이 고갈된 자의 주거권은 제약을 받기 때문이다. 기량이 퇴보한 운동선수가 선수촌에서 퇴출되는 것과 같은 이치이다.)

지금까지도 그러한 나의 생각엔 별다른 변화가 없다.

때때로 쓸쓸한 느낌에 사로잡히지 않는 건 아니지만 나는 대수롭게 생각지 않았다. 모든 헤어짐은 그러한 느낌을 수반하게 마련이니까.

그렇게 치부하며 나는 하루하루를 보내고 날과 달도 보냈는데 내가 그 느낌이 별반 대수롭지 않은 것이라고 생각한 것은 옳은 판단이 아니었던 모양이다. 한가한 시간에 어쩌다 한 번씩 스치고 지나가는 감상적인 느낌만은 아니었다는 사실이 드러났기 때문이다.

그것은 내 삶의 공동 상태, 보람 있고 가치 있는 일과의 아무런 관련도 맺지 못한 채 하루하루를 땜질하듯이 보내고 있는 내 삶의 무목적성에 대한 자각이 야기한 근원적인 느낌이었던 것이다.

무얼 해도 허전했고 모든 것이 허망하게 생각되었다. 나는 하루하루를 살고 있는 게 아니고 단지 소비해 가고 있을 뿐이었다. 나는 여전히 호기 있는 목소리로 강의를 하고 차를 몰아 여행길에도 나서 보며 더러는 오락이나 도락에도 빠져 보지만 내 의식의 깊은 곳에서 번번이 누군가가 속살거리는 것이었다.

— 그래봤자 말짱 헛일이야. 다 소용없는 짓이라구.

말하자면 그 사이 내 삶을 지배해 온 건 일종의 패배의 정서 혹은 허무의 정서였다. 나는 매일매일 권태스런 표정을 하고 집을 나섰다가는 허전하고 허탈해진 모습으로 돌아오곤 했다. 그랬던 내 나날의 삶에 조그만 강아지 한 마리가 찾아든 것이었다.

그 작은 짐승이 우리집에 찾아든 초기 한동안까지만 해도 나는 그것이 작든 크든 내 삶에 무언가 작용을 미치리라고는 예상하지 못했다.

누니는 내게는 단지 서른이 되었지만 여전히 제 자립적인 삶의 방식을 찾지 못해서 힘들어하는 딸애에게 위안이 되는 존재에 지나지 않았다. 말하자면 나는,

강아지 한 마리와 좁은 아파트에서 같이 살게 되는 일에 불가피하게 따라오게 될 사소한 불편들을 오로지 딸애를 위해 참고 견디기로 마음먹었던 것이었다.

그러나 시간이 지나면서 그것은 사소한 불편만은 아니라는 사실이 차츰 드러나기 시작했다. 우선 불과 3킬로그램 안팎의 그 작은 짐승을 보살피고 돌보는 데는 생각보다 많은 정성과 노력이 필요하다는 사실이 드러났다.

때맞춰 먹이를 챙겨 주고 배설물을 거두고 치우는 일에서부터 집안에 배기 시작한 냄새를 제거하는 일(완전한 제거는 불가능하다), 주기적으로 동물병원에 데리고 다니며 건강을 살펴 줘야 하는 일과 매일 운동을 시키는 일…… 등에 드는 노력과 수고는 결코 사소한 것이라고 할 수 없는 것이다.

그런데 이런 일을 감당하기 위해 겪어야 되는 불편은 다른 어떤 불편에 견주면 하찮은 것에 지나지 않았다.

다른 어떤 불편이란 그 작고 외로운 짐승을 혼자 가두어 두고 늦게까지 집을 비우지 않으면 안 될 때 겪어야 되는 불편이다. 저를 혼자 두지 말아 달라고 애원하다시피 매달리는 녀석을 강제로 떼어내고 현관문을 닫으면 누니는 발톱이 빠져라 앞발로 현관문을 긁어 대는 것이다.

등 뒤에서 나는 그 소리를 못 들은 척 발을 떼놓기가 얼마나 힘든지는 애완견과 살아 보지 않은 사람은 이해하기 어려울 것이다.

그런데 누니와 함께 살게 된 기간이 늘어나면서 차츰 내가 그 힘든 일과 직면하지 않으면 안 되는 시간도 늘어나고 있었다.

딸애는 '제 애완견'과 시간을 함께 보내는 일에 생각보다 인색했고 아내는 번번이 친구들과의 점심 약속을 위해 나보다 먼저 외출을 함으로써 나와 누니 둘만을 뒤에 남기곤 했던 것이다.

힘든 것은 집을 나설 때만의 일은 아니다. 막상 집을 나서서도 먹이와 물을 제대로 챙기고 나왔는지, 화장실 문을 혹시 닫아 둔 채 나온 건 아닌지, 무언가 위험스런 물건을 방치한 탓에 누니에게 무슨 일이 생기는 건 아닌지…… 온종일이다시피 걱정과 불안이 떠나지를 않았다. 그리하여 저녁 무렵이 되면 드디어 마음이 조급해지기 시작하는 것이다. 그 작고 외로운 것이 어두워지기 시작한 현관의 차가

C&

운 바닥에 엎드려 있는 모습이 눈에 어른거리기 때문인 것은 물론이다.

그러나 누니와 함께 살게 됨으로써 겪어야 되는 크고 작은 어려움들에 나는 비교적 빠르게 그리고 순탄하게 적응할 수 있었던 것 같다. 요컨대 나는 누니와 함께 살게 된 지 반년이 지나지 않아 누니를 보살피며 누니와 함께 시간을 보내는 일을 더 이상 귀찮거나 힘들다고 생각지 않게 된 것이었다. 아니 누니는 내 자유로운 시간을 방해함으로써 여전히 나를 불편케 하고 힘들게도 하고 있었지만 나는 그러한 사실에 별다른 불만의 감정도 품지 않게 된 나 자신을 발견하고는 스스로 신기해 하고 있었다.

봄날의 화창한 어느 오후였다.

아내가 차려 놓고 나간 점심을 먹은 나는 누니를 데리고 잠실의 선착장 쪽을 향해 산책길에 나섰는데, 아름다운 봄 날씨 탓인지 그날 양재천의 산책길은 유독 사람들로 붐볐다. 자전거를 타는 사람들과 롤러브레이드를 타는 사람들의 행렬이 앞뒤로 줄을 이었고 그 행렬은 때로 누니의 근처에서 헝클리며 순식간에 누니를 위험스런 상황에 빠뜨리기도 하는 것이었다. 그럴 적마다 화들짝 놀란 나는 황급하게 손잡이 줄을 끌어당기고 있었고 아예 누니를 안은 채 한참 동안씩

걷기도 했다. 더 이상 자전거와 롤러브레이드의 행렬을 신경 쓰지 않아도 좋게 된 한강 변에 이르러서 나는 누니의 가슴 줄을 풀어 주었다.

가슴 줄을 풀어 주면 누니는 신이 나서 앞장서 달려 나간다. 그러나 일정한 거리 이상 달려 나가는 법은 없다. 적당한 거리에서 멈춘 누니는 핼끔 뒤돌아서서는 내가 뒤따라오고 있는지를 확인했고 그런 다음에야 안심하고 다시 내달리는 것이다.

그날도 마찬가지였다. 누니는 연신 핼끔핼끔 뒤돌아보며 앞장서 달렸고 그런 누니를 뒤따르다 보니 어느새 잠실의 선착장 가까이에 도달해 있었다. 한 시간 가까이 걸었을 것이다. 다리가 뻐근했다. 나는 걷기를 멈추고 강변의 시멘트 계단에다 털써덕 엉덩이를 내려놓았다.

그리고는 뒤돌아보고 있다가는 달려와서 내 옆에 붙어 앉는 누니의 옆구리에다 팔을 두른 채 오후의 햇살을 반사하고 있는 강물과 건너편 강변북로에서 줄을 잇고 있는 차량의 행렬을 바라다보았다.

내가 앉아 있는 오른쪽 대각선 방향에서 돛을 부풀린 윈드 보트들이 몇 척 바람을 받아 강물 위를 미끄러지고 있었고 여의도 방향으로부터 유람선이 한 척 다가오고 있었다. 그런 풍경을 바라보고 있는 동안 그 느낌은 내가 의식하지도 못하는 사이 서서히 내 속에 스미기 시작했던 모양이다.

이윽고 그 느낌은 부정할 수 없는 감촉으로 내 속에 자리를 잡았다는 사실이 확실해졌지만 여전히 나는 그것이 구체적으로 어떠한 종류의 느낌인지를 식별해 내지는 못하고 있었다.

막연하게 그냥 내가 지금 '좋은 순간을' 보내고 있는 듯한 느낌, 지금 내가 보내고 있는 시간이 헛된 시간만은 아닐지 모른다는 느낌 같은 것이라고나 해 두면 어떨까.

그날 저녁 아내에게 그 느낌에 대해 얘기해 주었다.

"불현듯 나를 사로잡은 느낌과 감정에 도무지 정확한 이름을 붙일 수가 없는 거야. 그러나 어떤 안도감이랄까, 일종의 낙관적인 느낌이었던 것만은 분명해. 그런 느낌, 그런 기분과 더불어 바라보니 늘 보아 오던 한강 풍경이 그렇게 평화스럽고 아름다울 수가 없는 거야. 참 희한하지?"

그러자 아내는 마치 심리분석가라도 되는 듯이 말하는 것이었다.

"누니를 보살피고 누니와 함께 시간을 보내는 일에 당신이 보람과 즐거움을 느끼는 거지 뭐겠어요. 하기야 가여운 생명 하나를 거두고 보살피는 일보다 보람 있고 가치 있는 일이 어딨겠어요?"

"그럴듯한 소리구먼."

나는 웃고 말았지만 어쩌면 아내는 내 의식의 심층을 제대로 들여다본 것인지도 모른다고 속으로 생각했다.

아니 아내가 내 의식의 심층을 제대로 들여다보았든 들여다보지 못했든 아내의 말에 담긴 의미 자체는 변하거나 손상되지 않는다고 나는 생각했다.

정말로 생명 하나를 거두고 보살피는 일보다 의미 있고 가치 있는 어떤 일이 세상에 달리 있을 수 있단 말인가.

가만히 생각해 보니 누니를 보살피기 위해 수고하고 누니를 즐겁게 하기 위해 시간을 쓰는 일이 나에게 헛되고 허망하다는 느낌을 준 적은 한 번도 없었던 것 같다.

반대로 누니 하나를 건강하게 보살피면 내 모든 실패가 만회될 것 같았고 누니 하나를 행복하게 해 주면 내 모든 죄와 허물이 용서될 것 같았다. 그것은 아무런 근거도 없는 느낌이고 도무지 조리도 없는 생각이었지만 내 의식의 밑바탕에서 어느샌가 싹터 오르고 있었던 느낌이고 생각인 것만은 부정할 수 없었다.

우리는 어디서 와서 어디로 가는가?

이것은 인간이 사색을 시작한 이래로 되풀이되어 온 물음이고 그간 통속 철학이 즐겨 문제삼아 온 상투적인 질문 중의 하나이기도 하다. 그런데 영원히 되풀이될 것만 같았던 이 물음은 현대과학에 의해 이제는 폐기된 물음이 되고 말았다. 우리는 별로부터 와서 별로 되돌아간다는 사실이 과학적으로 증명되었기 때문이다.

이 물음과 짝을 이루는 또 다른 물음이 있는데 그것이 어떤 물음인지는 누구나 짐작할 수 있으리라 생각한다.

우리는 왜 사는가? 무엇을 위해 사는가?

이것이 바로 그 물음이다.

얼핏 그럴듯해 보이고 의미 있어 보이는 질문이다. 특히 교육은 이 질문의 의미와 의의를 줄기차게 강조하고 부각시켰으며 이념화시켰다.

그러나 이것처럼 인간을 헛되이 고민케 하고 억압한 물음도 따로 없다. 무엇보다도 이 목적론적인 물음은 인간의 삶을 기쁨의 형식이 아닌 의무의 형식으로 변질시켰으며 개인적 삶의 자발성과 자유 의

지를 치명적으로 유린했다.

끊임없이 사색하는 삶을 살았던 사르트르라는 프랑스 사람은 '존재는 본질에 앞선다' 라고 말한 바 있지만 정말로 삶은 쓰임에 앞설 뿐만 아니라 쓰임을 뛰어넘는다고 생각된다. 특히 하찮은 먹잇감 하나, 매일 되풀이되는 산책에 그처럼 기뻐하고 흥분하는 누니를 보면서 나는 살아 있는 나날의 소중함과 숙연함을 깨우친다.

컴퓨터 앞에 앉아 있는 내 무릎에 올라앉겠다고 누니가 앞발을 치켜든다.

"그래, 그래."

나는 누니를 들어 올려 무릎에 앉힌다.

"누니야."

나는 내 턱 밑에서 고개를 들고 있는 누니를 들여다본다. 나는 검지로 누니의 젖은 콧등을 건드리며 말한다.

"넌 무얼 위해 사니?"

누니는 말끔히 나를 올려다보고만 있다.

"넌 무얼 위해 사냐구? 왜 사냐구?"

나는 다시 한 번 누니의 콧잔등을 건드린다. 그러자 누니는 갑자기 혀를 쑥 내밀더니 낼름 한 번 내 콧등을 핥았다. 그것이 누니의 대답이었던 모양이다.

8. 해피 버스데이 투유

구 월 십칠 일은 내 생일이다.

•

•

•

어렸을 때는 생일날 아침이면 어머니께서 무를 숭숭 썰어 넣은 생태국이나 오징어국을 끓여 주셨다.

그리고 그 두 가지는 내가 세상에서 제일 좋아하는 음식이었다.

결혼을 한 후 한동안은 아내가 날 위해 특별식을 만들어 주었다.

"생일날 뭘 해 줬으면 좋겠어요?"

결혼을 한 첫해 생일을 앞두고 아내가 물었다.

"만둣국."

아마도 나는 1초도 망설이지 않고 대답했을 것이다.

세상을 살아오면서 가장 유감스러웠던 일 한 가지만 대라고 한다면 나는 주저하지 않고 '마음껏 만두를 먹을 수 없었던 일' 이라고 대답할 것이다. 만둣국, 떡만둣국, 물만두, 찐만두, 왕만두라는 메뉴 앞에서 침을 꼴깍 삼키지 않고 지나쳐 본 적은 없다.

그런데도 나는 너무나도 먹음직스러워 보여서 목젖을 꼴깍거리게 하는 음식들을 사 먹을 수가 없는 것이다. 물론 내게 그만한 경제적 여력이 없어서는 아니다. 나는 비록 협소하기는 하지만 세상이 부자 동네라고 부르는 강남에 아파트가 있고 30년이 넘게 대학은 내게 과히 궁색하지 않을 만큼의 월급을 꼬박꼬박 주고 있다. 그러므로 나는 그것들을 먹을 수 없기 때문에 사 먹지 못하는 것일 뿐이다.

무엇 때문에 나는 먹고 싶지만 먹을 수 없는 것일까.

이유는 간단하다. 세상의 모든 만두 속에는 반드시 내가 결단코 먹기를 거부하는 재료가 들어가 있기 때문이다. 내가 결단코 먹기를 거부하는 재료란 돼지고기와 그 비계이다.(이것들에 대한 내 혐오감은 그냥 선험적인 것이라고밖에 달리 설명할 길이 없다.)

모든 만두 속에는 고기, 특히 돼지고기가 들어간다는 사실, 돼지고기가 들어가지 않은 만두는 세상 어디에서도 찾을 수 없다는 사실

처럼 내게 원망스럽고 불합리해 보이는 사실은 없었다. 세상의 그 많고 많은 만두 전문 요리집 중 돼지고기를 사용하지 않는 만두 전문 요리집이 한 군데쯤은 있을 법하고, 있는 것이 자연스럽다고 내게는 생각되었다.

그런데 없었다.

내가 평생에 걸쳐 두 눈을 부릅뜨고 찾아보았지만 대한민국 천지의 어디에도 그런 만두집은 존재하지 않았다. 내 소원은 통일,이 아니고 당연히 만두, 돼지고기를 뺀 만두였다.

아내가 생일 특별식으로 돼지고기를 넣지 않고 만들어 준 만두를 배불리 먹었던 날의 감격을 나는 지금도 생생하게 기억하고 있다.

아내가 불과 여섯 일곱 개를 먹고 너무나 배가 불러 숨이 다 차다고 말하는 만두를 아마도 나는 스물대여섯 개쯤 먹었을 것이다. 그리고 나는 그날 밤 자다가 일어나서는 변기에다 우웩 우웩 토했다. 그러고도 다음 날 아침 나는 만두국을 다시 요청했고 그 저녁에도 만두국을 먹었다.

"적어도 당신 생일날만큼은 만두를 빚어 줄게요."

냉장고 안에 가득 넣어 얼렸던 만두가 불과 일주일이 못 가서 동나던 날 아쉬워하는 내게 젊은 아내가 했던 약속이다.

결론부터 말하자면, 아내는 그러나 그 약속을 지키지 않았다. 그리고 서운하지 않은 건 아니지만 그렇다고 약속을 어긴 아내를 원망까지는 하지 않았다. 아내는 더 이상 젊지 않고 한 번 만두를 빚는 데 얼마나 많은 체력 소모가 요청되는지를 내가 알기 때문이다.

무를 숭숭 썰어 넣고 끓인 생태국과 오징어국은 물론 세상에서 유일하게 돼지고기를 넣지 않은 만둣국을 먹을 수 없게 된 이래로 나는 더 이상 생일 따위를 기다리지 않게 되었음은 물론이다. 기다리지 않았을 뿐만 아니라 나는 짐짓 생일을 무시하거나 의식하지도 않는 듯이 지나쳐 버리곤 해 왔다.

원고를 구상하러 간다고 둘러대고 생일 바로 전날 집을 비운 것이 한두 번이 아니고 직장 동료나 친구와 어울려 저녁을 먹고 생일날 밤이 늦어서야 귀가하는 일도 빈번했었다.

그렇게 행동함으로써 이제는 기운이 떨어져서 젊은 날에 한 약속을 지키지 못하게 된 아내가 혹시라도 느끼게 될 죄책감의 무게를 덜어 주고 싶었던 것일까. 어쩌면 그럴지도 모르겠다.

어찌됐거나 그렇게 흐지부지 생일을 잊어버리고 살아온 지가 몇 해나 되는지 헤아리지도 못하겠다. 아마도 십 년은 되었을 것이다.

나는 지금 반바지에 런닝셔츠 차림으로 컴퓨터 앞에 앉아 이 글을 쓰고 있다.

아파트 창의 방충망에 달라붙은 매미 소리와 화단의 사방으로부터 퍼져 오르는 여치, 찌르레기 등 온갖 여름 곤충들이 내는 소리가 천지를 가득 채운 것 같다.

옆에 둔 휴대폰을 열고 들여다보니 7월 28일 오후 2시 57분(그렇게 치고 나니 58분이 되었다, 아니……)이라고 날짜와 시간을 알려 준다. 그러고 보면 별 볼일 없는 내 생일이 불과 한 달 남짓밖에 남지 않았다.

그런데 올해의 생일은 어떻게 보내게 될까.

아마도 올해의 9월 17일은 예년처럼 그냥 흐지부지 넘어가지는 않을 것 같다. 우선 나는 그날 집을 비우기 위해 이런저런 핑계를 둘러대는 따위의 일은 하지 않기로 마음먹고 있다. 친구나 동료와 함께 저녁을 먹는 일도, 밤이 늦어서야 귀가하는 일도 없을 것이다.

누니가 우리집에 오고 몇 달이 지나도록 우리는 누니의 나이에 대해 특별히 관심을 가져 본 적이 없다.

"앤 나이가 얼마나 됐어요?"

산책길에서 사람들이 더러 물으면 우리는 "여섯 달쯤 됐어요" 또는 "한 살쯤 됐어요"라고 대답하곤 했었다.

우리가 '~쯤'이라고 말할 수밖에 없는 건 우리가 누니의 정확한 출생 연월일에 대해 아는 바가 없기 때문이었다. 그런 대답을 되풀이하고 있다가 우리는 문득 누니에게 미안하다는 생각을 하기에 이르렀다.

누니가 명백히 우리 가족 구성원의 하나가 되었다는 사실을 우리 중 누구도 부정하지 않았다. 그런데 우리는 누니의 출생일은 물론 정확한 나이조차도 모르고 있는 것이다.

우리가 알고 있는 것은 기껏 누니가 우리집에 온 날이 12월 20일 아니면 21일이었다는 사실이 전부였다. 정확한 나이를 아는 것은 무엇보다도 누니의 장차 건강을 관리하는 데 매우 중요한 일일 것이다.

그리하여 나와 아내는 누니를 분양해 준 친구에게 누니의 출생에 관한 보다 정확한 정보를 요청해 보라고 딸애에게 시켰다.

"글쎄 누니를 데리고 나온 날 걔가 분명히 말했어. 태어난 지 석 달쯤 됐다고. 아마 더 이상은 걔도 기억하지 못할걸."

그렇게 말은 하면서도 딸애는 몇 차례 통화를 해 보는 눈치였다. 그리고 결과는 딸애가 예상한 그대로였다. 그리하여 우리는 어림잡아 계산해 보았고 그런 끝에 누니는 대략 9월 중순에 태어났으리라 추론할 수 있었다.

"그럼 누니의 생일은 구 월 중순이네."

내가 말했다.

"그런 생일이 어딨어요?"

아내가 말했다.

그때 딸애가 기발한 아이디어를 냈다.

"그럼 누니의 생일은 구 월 십칠 일로 해. 제 생일이 아빠와 같은 날인 걸 누니도 아마 싫어하진 않을 거야."

"멋진 생각이네."

아내가 당장 동의했다.

"누니야."

아내는 자신의 종아리에 턱을 걸친 채 다리 사이에 엎드려 있는 누니의 엉덩이를 손바닥으로 두 번 토닥였다.

"네 생일은 구 월 십칠 일이야. 알았니?"

그러자 누니가 엎드린 채 꼬리를 흔들었다. 우리는 누니가 반대하지 않는다는 의사 표시를 한 걸로 간주했다.

9월 17일이 다가오고 있는 요즘 가족들은 각자 누니의 생일을 축하해 줄 궁리를 하느라 머리가 한가롭지 않다. 그날은 누니가 처음으로 생일을 갖게 되는 날이고 따라서 대충 넘겨서는 안 된다고 우리 가족들은 이심전심 생각하고 있는 것이다.

나 역시 마찬가지다. 어떻게 하면 그날 하루를 누니한테 최고로 즐겁고 행복한 날이 될 수 있게 해 줄 수 있을까. 아직은 가족들에게 공개하지 않고 있지만 나는 몇 가지 구상을 해 보고 있다.

우선 그날엔 누니가 좋아하는 사람들 모두를 초대하려고 한다. '모두들' 이라고 해봤자 거기에 포함되는 건 처제네 부부뿐이다. 무슨 이유에선지 누니는 특별히 처제를 반긴다.

누니가 사람을 반기거나 경계하는 걸 보면서 나는 때로 우습고 놀랍다는 생각을 하곤 한다. 그리고 누니에게는 제가 좋아할 만한 사람을 식별해 내는 본능적인 능력이 있는 건지도 모른다는 느낌을 받는다. 방문 횟수가 비슷한데도 어떤 사람한테는 좋아서 미친 듯이 매달리고 다른 어떤 사람한테는 갈 때까지 악을 쓰고 짖어 댄다.

누니가 우리 가족 말고 좋아서 미친 듯이 매달리는 유일한 사람이 바로 처제이다. 아니 매일 저를 거두고 보살피는 우리들을 제쳐 두고 누니는 유독 처제를 좋아하고 반긴다. 그러니 제가 특별히 좋아하는 처제를 포함해서 가족 모두가 저를 둘러싸고 있어 주는 것만으로도 누니는 충분히 행복해할 것이다.

사실상 누니를 행복하게 해주는 것처럼 쉬운 일도 없을 것 같다. 맛있는 먹이, 밖에 데리고 나가 주기, 저에게 관심을 보여 주고 같이 놀아 주기(플라스틱 공을 던져 주고 물어 오게 하는 놀이를 누니는 좋아한다), 배 긁어 주기…….

나는 그날 가족들에게 누니와의 야외소풍을 제안하려 한다.

누니가 좋아하는 음식들—삶은 닭가슴살, 사태 수육, 소금을 덜 뿌리고 오븐에 구운 삼치나 숭어 혹은 민어…… 등을 고루 장만해야

되는 건 두말이 필요치 않다. 찐 감자와 군고구마, 참외와 수박도 빠뜨리면 안 된다.

우리는 찬합과 아이스박스, 돗자리, 파라솔을 트렁크에 싣고 두 대의 차에 나누어 탄다. 불과 10여 분 만에 잠실의 강변 공원에 도착한다. 우리는 잔디가 고운 곳을 골라 돗자리를 펴고 파라솔을 친다.

우리가 자리를 준비하는 동안에도 누니는 신이 나서 주위를 뛰어다니고 잔디에 몸을 굴리기도 한다. 햇볕은 여전히 따갑지만 하늘엔 가을빛이 완연하다. 미풍이 더러 스치고 지나가기도 한다. 더위가 한결 누그러진 것이 분명하다.

아내가 돗자리 위에다 점심을 차린다. 평소라면 벌써 음식 가까이로 달려들었을 텐데 누니는 잔디 위를 이리저리 뛰는 일에만 정신이 팔린 나머지 이쪽으로는 고개조차 돌리지 않는다. 우리는 각자 사이다, 콜라, 맥주 캔을 손에다 따 들고 있다.

"누니야."

가족들이 일제히 누니를 부른다. 뒤돌아본 누니가 우리 쪽으로 달려온다.

"거기, 아빠 곁에 앉아."

그러며 처제는 비디오카메라를 들이댄다. 맥주 캔을 치켜든 누니의 '아빠' 가 곁에 앉은 누니 쪽으로 고개를 돌리자 가족들의 함성이 터진다.

"해피 버스데이 투유."

그날 나는 정말로 흐뭇한 생일을 맞고 있을 것이다. 그리고 내가 맞을 수 있는 생일이 몇 번이나 남았는지 알 수 없지만 앞으로 다시는 생일을 흐지부지 넘기지 않게 될 것이며 하물며 9월 17일에 집을 비우는 따위의 어리석은 행동도 되풀이하지 않게 될 것이다. 왜냐하면 그날은 내 생일일 뿐만 아니라 누나의 생일이기도 하기 때문이다.

"누니야."

나는 미리 연습해 본다.

"해피 버스데이 투유."

9. 이다음 우리는 어디서 무엇이 되어 다시 만나랴

며칠 전 해운대에서 이틀 머물고 왔다.

•

•

•

7월 초 부산에 사는 소설가 정 인으로부터 그녀의 새로 나온 소설집 '그 여자가 사는 곳' 이 보내 왔다. 밝은 주황색이 바탕을 이룬 화사한 장정의 책을 후루루 펼치자 갈피에서 쪽지 한 장과 푸른색의 봉투가 책상에 떨어졌다.

나는 쪽지를 집어 들고 읽었다.

선생님, 건강하시죠?

책이 나와서 제일 먼저 선생님께 부쳐 드립니다.

숨겨 논 추억이라도 있으면 찾으시라고 호텔 숙박권을 동봉합니다.

봉투에 들어 있는 건 호텔 숙박권만은 아니었다. 사우나 사용권과 식당 할인권도 포함돼 있었다.

수년 전까지는 메리오트였다가 지금은 노보텔 엠버서더로 이름이 바뀐 그 호텔은 내게는 비교적 친숙한 호텔이었다.

바다가 보고 싶고 부산 소재의 대학에 재직했던 젊은 시절의 추억이 그리울 때면 더러 찾아가서 머물곤 했던 곳이다.

조선 비치에서는 바다를 측면에서밖에 바라볼 수 없지만 노보텔은 바로 옆에 붙어 있는 파라다이스와 함께 해운대의 아련한 수평선을 정면에서 조망할 수 있는 호텔이다. 커튼을 열어젖히고 창 앞에서 내다보고 섰자면 시간 가는 걸 잊을 수 있다.

그렇게 내다보고 섰다가 출출하다 싶으면 해운대의 명물 금수복국집에 가서 제일 값이 싼 은복을 한 그릇 시켜 먹었고 더러는 택시를 잡아타고 민락동으로 가서 숭어 한 마리를 회 떠 소주를 한잔 마시기도 했다.

그렇게 하루 이틀 머물다 오면 까닭 없이 맺혀 있던 가슴의 응어리가 조금은 풀리는 것 같았고 식욕도 한결 왕성해진 걸 느끼곤 했다. 요컨대 나는 해운대를 특별히 좋아했고 그러한 사실을 알고 있는 부산 시절의 제자인 정 인(나는 옥회라는 그녀의 본명이 더 좋은 이름이라고 생각하고 있다)은 종종 내게 해운대 호텔의 숙박권을 선물로 보내오곤 하는 것이었다. 그리고 그것은 지금까지 내가 받아 본 어떤 선물보다도 멋진 선물이었다.

8월 중순이 되어서야 나는 집을 나섰다.

하롱베이 여행을 다녀온 직후부터 나는 매일 오전 서너 시간을 규칙적으로 일했다.

그 정도의 시간 동안 컴퓨터 앞에 앉아서 더듬더듬 자판을 두드리고 나면 대략 A4 용지 한 장쯤이 채워지는데 그것이 내 하루 작업량의 한계이다.

오후엔 누니를 산책시키거나 사우나 클럽에서 시간을 보냈고 일주일에 두 번쯤은 친구들과 타당 천 원짜리 내기 스크린 골프를 쳤다.(그들은 나한테 홀당 한 점쯤 접어 주지만 나는 번번이 삼천 원쯤 잃는다.)

그리고 저녁을 먹고는 전자오락실에 놀러갔다가 열한 시 전후에 집에 돌아오곤 했다.

하루를 규칙적으로 보낸다는 건 내게는 몹시도 힘든 일이지만 별 수 없이 나는 그러한 일정을 버텨 내었다.

그렇게 한 결과 8월 중순이 되자 작업엔 제법 진전이 있었고 하루 이틀 바람을 쐬고 올 여유도 생긴 것이었다.

서울역에서 KTX를 탔다.

지금까지 나는 주로 손수 운전하는 방식의 여행을 선호해 왔다. 직접 운전하는 여행의 장점은 뭐니 뭐니 해도 마음대로 배짱대로 일정을 조정할 수 있다는 것에 있다.

원하는 아무 때나 원하는 어떤 장소에도 머물 수 있고 싫증이 나는 즉시 자유롭게 떠날 수도 있다.

운전의 노고쯤은 무엇에고 구애되지 않고 어떤 구속도 받을 필요가 없는 완벽한 자유에 의해 보상되고도 남는다.

대중교통을 이용하는 여행에도 적잖은 장점이 있다.

대중교통에 의존하는 여행의 장점은 뭐니 뭐니 해도 흥미로운 동석자를 기대할 수 있다는 사실에 있다고 나는 생각한다.

특히 마음에 드는 이성과 자리를 나란히 하게 되어 몇 시간을 함께 여행하는 일은 상상만으로도 충분히 즐겁다. 아마도 '좌석운' 이란 바로 그런 행운의 가능성을 두고 이르는 말일 것이다.

나를 두고 말할 것 같으면 물론 나는 그런 행운—좌석운과는 거리가 먼 사람이다. 내 옆에도 혹간 이성분이 자리했던 적이 아주 없다고는 할 수 없다. 하지만 내 옆에 온 '이성분' 들은 대부분 자리에 앉자마자 꾸벅꾸벅 졸거나 아기에게 수유를 하기 위해 가슴을 풀어헤치곤 했었다.

행운은 불운한 사람에게조차도 한 번은 찾아오기 마련인 법.

이것은 행운에 관해 가장 흔하게 회자되는 격언이다.

그러니 나에게도 한 번쯤 행운이 찾아오지 않는다면 도리어 이상한 일일 것이다.

나에게도 드디어 행운이 찾아왔다. 비록 너무 늦게 찾아온 것이기는 했지만 그래도 불운이 찾아온 것보다는 낫다고 나는 생각했다.

"실례하겠습니다."

통로 쪽의 좌석에 앉자 마자 사들고 온 월간지의 목차를 훑고 있던 나는 고개를 들었는데, 아마도 나는 그 여인이 무슨 연유로 내 옆에 서서 나를 내려다보고 섰는지 얼른 생각해 내지 못했던 것 같다.

"죄송합니다. 좀……."

눈이 휘둥그레져서 올려다보고 있는 내게 그녀가 다시 한 번 고개를 숙였을 때야 나는 상황을 깨달았다.

“어이쿠, 미안합니다.”

나는 급히 다리를 안쪽으로 접고는 몸을 의자 등에 붙임으로써 그녀가 방해받지 않고 내 앞을 건널 수 있게 했다.

그녀가 자리를 잡고 앉자 나는 고개를 그녀 쪽으로 돌리고 말했다.

"미안합니다. 내가 그만 잠시 넋이 빠져나가서……."

"무슨 말씀이신지……."

그녀도 내 쪽을 바라보았다.

"……"

나는 잠시 망설였다.

"혹시 결례라고 생각될지도 모르는 말이라서……."

"혹시……."

내가 주저하고 있는 사이 그녀가 말했다.

"예전에 혹시 부산의 여자 대학에 계셨던 적이 없으신가요?"

나는 내 쪽에 시선을 두고 있는 그녀의 얼굴을 찬찬히 바라다보았다. 그렇게 자세히 바라다보고 있다가 나는 더욱 놀라게 되었다.

중년 여인의 기품과 우아함을 이처럼 완벽하게 갖춘 얼굴, 거기에 깃든 수심이랄까 우수 같은 것이 그 얼굴을 신비롭게조차 보이게 만드는 이런 얼굴을 나는 어디에서도 본 적이 없었다.

따라서 그녀가 내가 가르친 학생 중의 하나일 가능성은 애초에 성립할 수 없는 것이다. 왜냐하면, 만일 잠시라도 내가 대면한 적이 있는 사람이라면, 이처럼 인상적인 외모가 내 기억에 새겨지지 않았을

리가 없겠기 때문이다.

"있기는 합니다만……."

내가 의아스런 눈빛을 거두지 못하고 중얼거리자 그녀가 미소를 지었다.

"어쩌면 제가 선생님을 뵌 적이 있는 것 같다는 생각이 들어서요. 혹시 H선생님 아니신가요?"

"그렇긴 합니다만…… 그러면 혹시 그 대학을 졸업한 분인가요?"

나는 당연히 긍정하는 대답을 기대하고 물었다. 그러나 그녀는 고개를 가로저었다.

"그런 건 아니에요."

내 생각은 틀리지 않았다. 그녀는 내 학생 중의 하나는 아니었다. 그녀는 여고까지만 부산에서 다니고 대학은 서울에서 마쳤다고 했다.

"대학 2학년 때의 가을이었던 것 같아요. 잠시 부산에 내려와 있었는데 여고 때의 단짝 친구가 자기네 대학이 축제 기간인데 놀러가지 않겠느냐고 해서 따라 나섰고 축제 행사의 하나로 열리고 있는 강연회에도 참석하게 되었어요.

그런데……"

게임

그녀는 한 번 더 찬찬히 나를 살피는 눈치였다.

그녀는 확신이 선 모양이었다.

"그런데 그 강연회의 연사가 바로 선생님이셨어요. 강연 내용이 참 마음에 와 닿았어요. 저희가 매일매일 사용하는 말들이 알맹이를 잃고 껍데기로 굴러다니는 현실을 안타까워하시는 내용이었던 것 같아요. 제가 제대로 기억하고 있는 건가요?"

나는 어안이 벙벙해졌고 당혹스러웠고 창피스러웠다. 20년도 더 된 일이지만 나는 그 강연에 대해 기억하고 있었다.

문학청년의 치기와 감상에서 크게 벗어나지 않은 유치한 강연을 내가 어떻게 잊을 수 있겠는가. 강연의 주제는 말할 것도 없고 강연의 제목도 잊지 않고 있었다. 〈사랑이라는 '말' 에 대하여〉라는 제목의 강연은 내가 해 본 처음이자 마지막의 강연이었다.

그 경험 덕분에 나는 '강연' 이라는 형식의 말하기가 내게는 맞지 않는다는 사실을 깨닫게 되었고 그 이후로 두 번 다시 강연회에 나서는 어리석음을 범하지 않았던 것이다.

내가 지나치리만치 당황해 하고 창피스러워하는 모습이 그녀에게 도리어 친근감을 주고 나를 편하게 대할 수 있게 해 준 모양이었다.

"제 이름은 나희, 성나희예요. 그런데 아까 뭔가를 말씀하시려던 것 같았는데…… 선생님을 알아 뵙고 너무나 반가운 나머지 분별을 잃고 제가 끼어드는 바람에 그만 말씀이 중단된 것 같아서…… 죄송합니다."

"아, 예."

나는 멋쩍게 웃었다.

내가 넋이 빠져서 자리를 비킬 생각을 미처 하지 못했던 이유에 대해 말하려던 중이었습니다. 그 이유는…… 내가 바라다보고 있는 것이 한 순간에 나를 압도한 탓에……라고 말하려다가 나는 그냥 다음과 같이 얼버무리고 말았다.

"뭔가 객쩍은 소리를 한마디 하려고 했던 것 같습니다만 잊어버렸습니다."

성나희라고 자신을 소개한 여인은 내 말에 아무런 반응도 나타내지 않았다. 그리고 나는 바로 그러한 사실로부터 내가 하려다가 그만 둔 말의 내용을 그녀가 짐작해 냈다는 걸 알아챘다.

기차 칸에서 읽으려고 월간 잡지를 사기는 했지만 나는 기차가 종착역에 도착할 때까지 목차를 한 번 훑어보았을 뿐 다시 잡지를 손에 잡지 못했다.

나도 성나희도 결코 많은 말을 하지는 않았다. 그랬는데도 기차 칸에서의 세 시간 동안 나와 성나희의 사이에 침묵이 감돌았던 것 같지도 않다. 기품과 우아함이 몸에 밴 여인답게 성나희는 매우 세련되고 절제 있는 대화술을 구사함으로써 나를 즐겁게 하고 한편으로 긴장시키기도 했다.

그녀는 듣는 이에게 무엇도 숨기거나 꾸미지 않고 이야기한다는 진솔한 인상을 주었다. 그러나 놀랍게도 정작 대화를 통해 그녀가 내게 드러낸 것은 아무것도 없었다.

문득 그러한 사실을 깨닫게 된 나는 그녀와의 대화에 싫증과 반감을 느끼게 되었던 모양이고 그래서 지금까지의 대화의 분위기나 흐름과는 완전히 동떨어진 엉뚱한 질문을 불쑥 하게 되었던 게 아닌가 싶다.

"혹시 내 몸에서 무슨 냄새 같은 거 안 나요?"

나는 그녀가 당황해할지도 모른다고 생각했지만 개의치 않았다. 내심 그녀가 당황해하는 모습을 기대했던 건지도 모른다. 그러나 내 기대는 충족되지 않았다. 그녀는 불온한 의도에 미소로 응답했던 것이다.

"선생님께서는 아마도 선생님이 애견가라는 사실을 밝히고 싶으신가 보죠?"

당황감을 느끼게 된 건 그녀가 아니고 나 자신이었다. 성나희는 내 옆에 앉은 순간부터 내 몸에서 나는 냄새를 맡고 있었던 게 분명했다. 그런데도 그녀는 나로 하여금 전혀, 정말로 전혀 그러한 사실을 눈치 채지 못하게 하고 있었던 것이다.

"내 몸에 배인 우리 누니, 내가 키우는 누런 털을 가진 코카 스패니얼 종 강아지의 이름입니다. 누니의 냄새 때문에 사람들과 가까이 있게 되면 문득문득 불안해지곤 합니다."

그녀의 꾸밈없는 반응에 나도 편한 마음으로 말할 수 있었다.

"아름다운 숙녀분 앞이라고 해서 주눅이 들 나이는 아닙니다만 오늘 나희 씨 옆에 앉아 있으면서 내내 마음을 졸이고 있습니다."

"염려하지 않으셔도 돼요."

성나희가 차창 쪽으로 고개를 돌리며 낮은 소리로 말했다. 그녀는 한참 동안이나 그렇게 차창 밖에 시선을 두고 있었다.

그녀가 차창 밖에 두었던 시선을 거두고는 내 쪽을 바라다보았다.

"왜냐하면 선생님께서 가지고 계시는 불안은 오랫동안 제가 시달렸던 불안이기도 하기 때문이에요."

그렇게 말하면서 그녀는 전혀 피하려 하지 않고 내 시선을 받았다. 나는 그녀의 눈을 가까이에서 들여다볼 수 있었고 뜻밖에도 그 눈에서 슬픔이랄까 고통의 흔적을 읽어 낼 수 있었다. 그리고 그것을 읽어 낸 순간 나는 갑자기 그녀의 모든 상황을 깨닫게 된 것이었다.

……

그녀와 나 사이에 짧지 않은 침묵의 시간이 흘렀던 것 같다. 침묵을 깨는 역할은 내 몫이라는 사실을 나는 느끼고 있었다. 나는 그녀에게 말했다.

"애완견을 잃으셨군요."

"네."

그녀가 대답했다.

"덩그런 아파트에 혼자 있게 된 제가 외로워 보였던지 동생이 키우던 강아지 중 한 마리를 강제로다시피 제게 떠맡겼어요. 눈보다도 흰 털을 가진 수컷 몰티즈였어요."

그녀는 낮고 차분한 목소리로 이야기했다.

"순돌이(그녀 애완견의 이름이라고 했다)와 칠 년쯤 같이 살았던 것 같아요. 참 고맙고 소중한 나날들이었어요."

순돌이와 충분히 정이 들고 난 후 충격을 받은 사실이 한 가지 있었다고 그녀는 내게 말해 주었다.

"순돌이와 함께 산 지 삼 년이 좀 지났을 때였어요. 집에 놀러 온 동생한테 문득 순돌이의 나이를 확인해 보고 싶어졌어요. 그래서 물어 보았더니 동생은 손가락을 꼽아 보곤 순돌이의 나이가 열 살쯤 되었을 거라고 말해 주는 거예요."

그때의 충격이 되살아나는지 그녀는 잠시 말을 중단했다. 입술을 지그시 문 채 앞만 바라보고 있다가 그녀가 말을 이었다.

"당장 제 가슴이 무너져 내렸어요. 나이가 열 살이나 되었다면 순돌이의 수명은 얼마 남지 않았다고 봐야 되잖아요. 순돌이를 그렇게 늦게서야 저한테 보내 준 동생이 원망스럽게 생각되었어요. 차라리 보내질 말든가."

차라리 보내질 말든가……

그녀가 입술을 문 채 중얼거린 그 말은 내 귀가 아니고 내 가슴에 와 박혔다.

그리고 그 순간 나는 무엇도 부러울 것이 없어 보이는 한 여인의 삶에 뜻밖에 깃들여 있는 고독의 깊이를 들여다본 것 같았다.

그녀는 순돌이와 보낸 마지막 날에 대해서도 들려주었다.

"그날 피치 못할 사정이 생겨서 하루 종일 순돌이를 집에 가두어 두다시피 했어요. 미안해진 저는 갈빗살을 사들고 집에 들어갔어요. 그걸 구워 식힌 후 잘게 찢어서 제 무릎 앞에 앉아 있는 순돌이에게 먹였지요. 또 하나의 갈빗살을 막 집어 들었는데 외출에서 돌아와 화장대 위에 둔 핸드백 속에서 휴대전화의 신호음이 울리는 거예요. 저는 휴대폰을 꺼내 짧은 통화를 끝내고 자리로 돌아왔어요. 그리고 바라보았는데 순돌이가 이상한 거예요. 순돌이가 숨을 쉬지 못하고 괴로워하고 있는 거예요……."

그녀는 더 이상은 말을 잇지 못했다. 더 이상 말을 이을 필요도 없었다. 순돌이는 접시에 얹어 둔 찢지 않은 갈빗살을 삼켰을 것이고 너무나 기력이 쇠약해지고 쇠잔해진 순돌이는 작은 목구멍을 막은 고깃덩어리를 끝내 넘길 수가 없었을 것이었다.

기차가 종착역에 접근했을 때 나는 나이를 먹으면 매사가 조심스럽다고 전제하고는 그녀에게 질문을 던졌다.

"내가 혹시 부인을, 아니 나희 씨를 식사에 초대하면 나를 분수를 잃은 사람이라고 생각하겠습니까?"

"당치 않은 말씀을요."

그녀가 얼굴까지 붉히며 급하게 부정했다.

"저야말로 선생님을 식사에 모시려고 생각하고 있었어요. 기회를 허락하신다면 내일 오전에 연락 올리겠습니다."

그리하여 그녀와 나는 휴대전화 번호를 교환했고 객차에서 내리는 길로 헤어졌다.

부산에는 불러내어 소주를 한잔 나눌 사람이 한두 명쯤 있었다. 그러나 나는 연락하지 않았다.

정옥희에게조차도 전화를 하지 않았다. 오랜만에 찾은 해운대에서의 시간을 나는 혼자서 호젓이 보내고 싶었다.

두 시쯤에 호텔에 도착한 나는 곧바로 체크인을 하고는 객실 키를 받아들었다. 그리고는 객실에 들어서는 길로 훌훌 옷을 벗어던지고 옷장에서 가운을 꺼내 몸에 걸쳤다.

나는 창가에 놓인 안락의자에다 털써덕 몸을 맡기고는 양 팔을 의자 밖으로 늘어뜨렸으며 탁자에다 두 발을 꼬아 얹고는 훤하게 트인 창밖을 내다보았다.

시야를 가로막는 것은 아무것도 없었다.

푸른 바다가 아득히 펼쳐지고 있었고 수평선에서 바다와 하늘은 서로의 경계를 뒤섞고 있었다. 얼마 동안인가를 그렇게 창밖을 내다보고 있다가 나는 휘트니스 클럽에 가서 삼십 분쯤 자전거를 탔다. 그리고는 땀으로 젖은 몸을 사우나의 욕조에 담갔다.

해운대가 정답게 불을 밝히기 시작할 무렵 나는 금수 복국집을 찾아가서 은복을 시켰고 소주도 한 병 주문해서는 반병쯤 비웠다. 그리고는 호텔로 돌아왔는데 나는 객실로 올라가지 않고 로비층의 바를 지나 해변 쪽으로 난 문을 통과해서는 모래밭으로 내려갔다.

낮 동안 사람들로 붐볐던 해운대의 모래밭은 조용하고 한적했다. 그래선지 허연 거품을 만들며 작은 파도가 철써덕 철써덕 모래를 쓸며 내는 소리가 한층 귀에 와 닿고 있었다.

나는 모래밭 한가운데 털퍼덕 앉았다. 세운 무릎을 두 손으로 깍지 껴 안고는 나는 밤바다를 바라다보았다.

밤바다는 그냥 캄캄한 밤의 빛깔일 뿐, 아무것도 보여주지 않았다. 아득히 수평선이 보이던 자리쯤에 가물가물 불을 밝힌 배가 두 척 정박하고 있었다.

아니 그 배들은 정박하고 있는 배들이 아닐지도 모른다. 나는 해운대의 수평선에 가물가물 떠 있는 배들을 오랫동안, 눈이 아플 때까지 오랫동안 지켜본 경험이 있기 때문에 안다.

그것들은 마치 닻을 내리고 운항을 중단한 것처럼 보이지만 사실은 천천히, 아주 오래 지켜보고 있지 않고서는 눈치 챌 수 없을 만치 천천히 수평선을 건너가고 있는 배들이었다.

한 세상을 지나서 다른 세상으로 건너가듯 그렇게 배들은 눈에 띄지 않게 해운대의 수평선을 건너가고 있었다.

나는 모래를 쓰는 파도 소리를 들으며 밤바다의 끝에 아득히 떠 있는 불 밝힌 배들을 바라보고 있었다.

그렇게 바라보고 앉아서 나는 나의 죽음을 그리고 누니의 죽음을 생각했다. 한 여인을 애달프게 만든 다른 어떤 개의 죽음에 대해서도 생각했다.

"저는 저 혼자서 순돌이를 보냈어요. 동생에게 안 알렸어요. 저는 화장장에서 개도 화장해 준다는 사실을 이번에 처음 알았어요. 순돌이를 곱고 부드러운 천에 싼 후 상자에 담아 안고 가서 화장했어요."

그녀는 눈처럼 흰 털을 가진 강아지와 너무 늦게 만난 사실을 안타까워했었다.

그리고 안타까워하는 그녀를 바라보며 내가 누니와 함께할 수 있는 날들에 대해 나는 생각해 보고 있었다.

그런 날들이 많고 적고는 그리 중요하지 않다는 생각이 들었다. 남은 날을 슬퍼하기보다는 오늘 함께 있는 시간을 고마워하는 게 옳다고 생각되었다.

나는 밤하늘로 고개를 들었다.

유성이 하나 어둠을 가르며 수평선 쪽으로 떨어지고 있었다.

이다음 우리는 어디서 무엇이 되어 다시 만나랴.

10. 저녁 산책

동네의 동물병원은 애완견 호텔을 겸한다.

•

•

•

마땅히 지칭할 말이 없어서 애완견 '호텔' 이라고 부르기는 하지만, 개를 위한 특별히 호사스런 시설은 아니다.

철사 줄을 엮어 만든 사과 상자만 하거나, 그보다 조금 크거나 작은 네모난 상자들을 대여섯 개 병원의 한쪽 벽 밑에 배열해 둔 것에 불과하다. 집을 비우면서 애완견을 혼자 남겨 두는 것이 마음에 걸리는 사람들이 그곳에다 강아지를 맡기는 것이다.

맡기는 쪽에서는 안심이 된다. 사료와 물을 때맞춰 챙겨 줄 뿐만 아니라 탈이 났을 때 보살펴 줄 '전문의' 가 상주하는 곳이기 때문이다.

그러나 막상 애완견들 쪽에서는 그곳에 맡겨지는 일을 별로 달갑게 생각지 않는 모양이다. 몸을 한 바퀴 구를 수도 없을 만큼 비좁은 공간에 밀어 넣고는 주저 없이 돌아서는 주인들의 무정한 뒷모습을 강아지들은 불안과 의구심에 찬 눈으로 바라본다. 그렇게 바라보고 있던 강아지들의 눈에 이윽고 슬픔―버려지고 배반당한 것들의 눈에 떠오르는 그 슬픔의 빛이 떠오른다.

형님이 위독하다는 전화를 받고 나와 아내는 서둘러 채비를 한다. 우리의 외출을 눈치챈 누니가 덩달아 흥분하기 시작한다. 황급하게 거실을 정리하고 옷을 챙겨 입기 위해 허둥거리며 안방을 드나드는 우리의 뒤를 누니는 연신 꼬리와 엉덩이를 흔들어 대며 쫄쫄 뒤따른다. 몸을 곧추세우고 앞발을 우리의 허리에 걸치며 우리를 방해하기도 한다. 저를 떼어 놓지 말고 함께 데려가 달라는 몸짓이다.

"누니를 어떻게 하지요?"

준비를 마친 아내가 흥분을 가라앉히지 못하고 있는 누니를 내려다본다.

"맡겨야지, 뭐."

나는 말하고 누니를 들어 가슴에 안는다.

저를 안고 아파트의 현관문을 열자 누니는 비로소 안도하는 모습이다. 저를 혼자 떼어 놓지 않고 데리고 나와 준 내게 누니는 마냥 애정 표시를 한다. 낼름 낼름 혀로 핥아 온통 내 얼굴을 침 범벅으로 만들어 놓는 것이다.

미안해.

나는 누니의 눈을 들여다보며 속으로 말한다.

— 오늘은 네가 좋아하는 산책길에 널 데려가 줄 수 없어. 난 형님을 뵈러 가야 해. 오늘 가서 뵙지 않으면 다시는 형님을 뵐 수 없을 거거든. 그러니 이해해 줘.

아내는 동물병원 앞에다 차를 세운다. 누니를 가슴에 안은 채 나는 혼자서 차에서 내린다.

"다 저녁에 누니가 웬일이니?"

병원에 들어서자 수의사가 누니를 반겨 준다.

"누니를 좀 맡기려구요."

"여행이라도 떠나시나 부죠?"

"그냥 하루 이틀 집을 비우지 않으면 안 될 사정이어서요."

"그러세요."

몇 번 투숙의 경험이 있는 누니는 수의사가 철장의 덮개를 들어 올리자 한사코 뒷걸음질을 친다. 그리고는 필사적으로 내게 매달리려고 한다. 그러나 오늘 나는 제 편이 아니다. 냉정하게 누니를 내게서 떼놓고는 뒤도 돌아보지 않고 나는 병원 문을 등 뒤로 당긴다.

좀처럼 도로의 정체는 풀릴 기미를 보이지 않는다. 나는 조금씩 초조해지기 시작한다. 나는 큰형님 때도 어머니 때도 곁을 지켜 드리지 못했다. 한 분 남은 형님의 가시는 길만은 꼭 직접 배웅하고 싶었다. 무엇보다도 나는 나이만 잔뜩 먹은 어린애 같은 형님을 조금이라도 안심시켜 드리고 싶었다.

나는 형님이 몹시도 겁을 먹고 있다는 사실을 알고 있었다. 임박한 죽음 앞에서 끝내 태연할 수 있는 사람이야 몇이나 되겠는가.

그러나 불안과 두려움을 숨기지 못하고 전전긍긍해 하는 형님의 모습은 살 만큼 인생을 산 성숙한 어른이 보일 모습은 아니었다.

"내가 그리 오래는 못 살 모양이지?"

지난 주 병실을 찾았을 때 내 눈치를 살피며 형님이 했던 말이다.

"오래 살고 싶으세요?"

"난 죽기 싫다."

형님의 솔직한 대답은 내 입가에 웃음을 떠올리게 했다.

"때가 되면 모두들 죽기 마련인데 형님 혼자만 오래오래 사셔서 뭘 하시게요?"

"그래두……."

할 말이 궁색해진 형님은 말끝을 흐렸다.

"어디 대답 좀 해 보세요."

나는 형님을 좀 놀려먹고 싶어서 추궁했다.

"어머니와 큰형님은 안 계신 지 오래됐고 언젠간 형님이 좋아하시는 하나뿐인 이 아우도 죽을 텐데요. 그뿐인가요. 형님과 소주잔을 부딪치던 친구분들은 물론이고 고스톱놀이를 함께 즐기시던 형님의 이웃분들도 모두모두 형님 곁을 떠날 텐데, 혼자 남은 형님은 그 심심한 나날들을 어떻게 보내실 건가요?"

"……"

잠자코 천장께에 시선을 두고 있던 형님이 갑자기 얼굴을 찡그렸다. 통증이 엄습한 모양이었다. 악문 어금니 사이로 형님의 신음소리가 새나왔다. 형님을 놀려먹은 것이 미안해진 나는 형님이 신음소리를 멈출 때까지 숨을 죽였다. 한바탕 통증이 지나가자 형님은 겨우 숨을 고르더니 들릴 듯 말 듯한 소리로 나를 불렀다.

"한 박사."

한 박사. 그것이 언젠가부터 형님이 나를 부르는 호칭이었다.

"말씀하세요, 형님."

나는 형님 쪽으로 몸을 기울였다.

"부탁할 게 있어."

"말씀해 보세요, 형님."

"꼭 들어 줘야 돼."

"알았어요, 형님."

"난 화장은 싫어. 날 뜨거운 불구덩이에 넣지 마. 내가 죽으면 날 공도에 묻어 줘."

형님이 말하는 공도란 경기도 안성시 외곽의 공도면에 있는 야산 중턱을 가리킨다. 소나무 숲 사이로 멀리 안성 시가지가 내다보이는 양지바른 야산 중턱에 큰형님의 묘소가 있고 언젠가는 그 곁에 묻히는 것이 평소 당신의 소망이라는 사실을 나는 잘 알고 있었다.

"염려 마세요."

라고 나는 말했다. 그러나 내가 느끼기에도 내 목소리에는 기운이 없었다. 내게는 형님의 소원을 이루어 드릴 수 있으리라는 확신이 없었던 것이다.

큰형님의 병세가 깊어지기 시작하던 무렵 형수는 어머니는 물론 장차 우리들 삼형제가 오순도순 함께 모일 풍광 좋은 자리가 필요하다며 그곳 땅을 매입했다.

큰형님을 그곳에 묻은 형수는 몇 해 동안이나 묘소 주변을 가꾸는 일로 거의 날을 보내다시피 했다. 잘생긴 소나무만 골라 사다 한 그루 한 그루 주변에 심었고 잔디를 가꾸고 철 따라 피어나는 꽃도 심었다.

그러한 형수의 모습을 멀찍이서 바라보며 나는 차츰 형수의 꿈을 이해하게 되었던 것이다.

형수는 가족의 묘소 터를 가꾸고 있는 게 아니었다. 형수는 신방을 치장하는 새색시처럼 가슴을 설레며 신랑의 곁에 나란히 누울 꿈을 가꾸고 있는 것이었다.

그러한 사실을 깨달았기 때문에 어머니가 돌아가셨을 때 나는 작은형님의 완강한 반대에도 불구하고 강력하게 어머니의 화장을 주장했던 것이다. 가슴 설레는 신방을 침범하겠다니, 그것은 그 누구에게도 허용될 수 없는 일이었다. 시어머니라면 더더구나 안 될 일이었다.

"형수한테 잘 좀 말해 줘."

형님은 내 손을 더듬었다.

"네 말이라면 형수도 외면 못할 테니까."

"그렇게 할게요, 형님."

힘없는 내 목소리가 미덥지 못했던 것일까.

"약속해 줘."

형님은 다짐을 받고 싶어 했다.

"날 절대 화장 않고 형님 곁에 묻어 줄 거라고 약속해 줘."

"약속할게요."

"약속을 어기면 안 돼."

"어기지 않을게요."

짐짓 나는 힘주어 말했다.

형님을 안심시켜 드리고 싶었던 것이다.

톨게이트를 벗어나고부터 차는 조금씩 제 속도를 낼 수 있게 되었다. 덕분에 그리 많은 시간을 지체하지 않고서 평택의 병원에 도착할 수 있었다. 아내가 병원에다 차를 댔을 때, 그러나 나는 때가 좀 늦었을지도 모른다는 생각에 문득 사로잡혔다. 내 예감은 적중했다.

"형님, 제가 왔어요."

형님의 한쪽 손을 끌어 쥐고 말했지만 형님은 나를 알아보는 아무런 기척도 보이지 않았다.

"형님, 형님."

나는 산소호흡기를 코에 얹고 힘겹게 숨을 쉬고 있는 형님의 손을 흔들었다.

"하실 말씀이 있으면 하세요."

작은형수가 내 등에 대고 말했다.

"반응은 하지 못하지만 알아는 들으세요."

"제 말 잘 들으세요, 형님."

나는 형님의 귀에다 내 말을 불어 넣었다.

"두려워도 말고 불안해 하시지도 마세요. 왜냐하면, 형님은 지금 형님이 그토록 보고 싶어 하시던 분들, 어머니와 큰형님이 계신 곳으로 가는 것이니까요. 그분들은 좀이나 반갑게 형님을 맞아 주시겠어요. 보이지 않으세요? 그분들이 형님한테 손짓하는 모습이 보이시죠? 그냥 마음을 턱 놓으세요. 그리고 제가 뒤쫓아 가면 형님도 그렇게 반갑게 절 맞아 주세요. 그러실 거죠? 그러실 거면 제 손을 잡은 형님 손에 한 번 힘을 줘 보세요."

그러자 내 손을 그러쥐는 희미한 형님의 손 힘이 느껴지는 것 같았다.

형님은 자정을 넘기지 못하고 숨을 거두셨다. 나는 가족들을 너무 지치게 하지 않고 평화스럽게 영면하신 형님께 고마움과 안도를 동시에 느꼈다.

나는 내내 형님의 손을 잡고서 형님의 호흡이 잦아드는 걸 곁에서 지켰다.

그렇다. '잦아든다'는 말보다 더 적절한 표현을 나는 생각해 낼 수 없다.

풍랑이 멈추자 파도가 잦아들며 수면에 고요가 깃들 듯이 그렇게 형님의 호흡은 조용히 가라앉았다.

그것은 내가 전혀 예상치 못했던 일이었다.

평소 나는 죽음의 과정이란 굴욕스런 고통이 수반되는 과정이거나 참을 수 없이 답답한 숨 막힘을 견뎌야 하는 과정이라고 생각했었다. 한 인간의 자존심과 의지는 그 불가항력적인 과정에 직면해서 필경 무참하게 유린되고 말 것이었다.

그렇게 나는 믿어 의심치 않고 있었다. 그랬는데,

지금 내가 바로 눈앞에 두고 있는 것은 전혀 다른 모습이었다. 그 모습은 내게는 일종의 충격이었고 경이로움이기까지 했다.

임종을 맞고 있는 형님의 얼굴에서는 아무런 고통이나 답답함의 흔적을 찾아볼 수 없었다. 형님이 힘든 시간을 견디고 있다는 사실은 분명해 보였다. 그것은 그러나 어깨에 얹었던 무거운 짐을 부리며 겪어야 하는 힘겨움이거나 고된 일과로 축적된 피로를 몰아내기 위해 뿜어내는 긴 한숨의 무거움과 같은 힘겨움이었다.

나는 마음의 평정을 잃지 않고 형님의 임종을 지킬 수 있었다.

형님의 호흡은 박동 수치가 떨어지는 속도와 비례해서 차츰차츰 간격을 벌려 가고 있었다. 그렇게 벌어져 가던 호흡의 간격은 일렁이던 물결의 마루골이 차츰차츰 수면으로 내려앉다가 얕은 파장으로 퍼져 나가면서 이윽고 소멸하듯이 그렇게 천천히 소멸해 갔다. 그것은 한마디로 평화가 도래하고 휴식이 깃드는 과정이었다.

형님의 얼굴엔 더 이상 아무것도 남아 있지 않았다. 기쁨과 슬픔, 기대와 불안, 원망과 집착 등 모든 삶의 흔적은 감쪽같이 증발해 버

리고 다만 고요—냉정한 고요만이 가득히 깃들어 있었다. 형님의 뺨을 나는 손바닥으로 한두 번 고루 쓰다듬었다.

이미 온기가 새나간 머리도 어루만져 보았다.

"고생하셨어요."

마지막으로 형님께 인사하고 나는 가족들이 대기하고 있는 옆방으로 나갔다.

"우리 누니가 어떻게 하고 있을까?"

서울이 가까워졌을 때 아내가 말했다.

"그 좁은 데 갇혀서 얼마나 답답할까?"

"그러게 말이야."

나는 중얼거렸다.

사실은 나도 누니 생각을 하고 있었다.

형님의 유골을 담은 백자 항아리를 승화원의 안치소에 모시자마자 나는 형수에게 제대로 인사도 차리는 둥 마는 둥 하고는 아내를 독촉했던 것이다.

누니를 떼어 놓고 돌아섰을 때 누니는 내 등 뒤에서 울부짖었다.

앞발로 마구 철장을 긁어 대기도 했다. 그 소리들로부터 도망치기 위해 나는 차를 향해 뛰다시피 했던 것이다.

유골 안치소에서 밖으로 나오자 봄날의 부신 햇살이 눈을 시리게 했고 나는 손을 이마에 얹고 4월의 푸르른 하늘을 한 번 올려다보았다.

누니의 울부짖음 소리, 누니가 마구 철장을 긁어 대던 소리를 들은 건 바로 그 순간이었다. 그러자 나는 단 한 순간도 지체할 수가 없게 된 것이었다. 나는 주차장을 향해 마구잡이로 아내의 팔뚝을 끌어 당겼다.

"누니는 우리가 절 버렸다고 생각할 거야."

아내의 목소리엔 상심이 배어 있었다.

누니는 정말로 그렇게 생각하고 있을지도 모른다.

누니는 무엇보다도 혼자 남겨지는 걸 싫어한다. 외식이라도 하기 위해 잠시만 집을 비울 때조차도 누니의 눈에는 서운해 하는 빛이 완연하다.

그런데 사흘이었다.

무려 사흘 동안이나 우리는 누니를 그 비좁은 철장 안에다 방치해 둔 것이었다. 제가 버림받았다고 생각하는 건 너무도 당연스런 일일 것이었다.

차가 톨게이트를 벗어나고 개포 강남으로 빠지는 샛길로 접어드는 짧은 동안이 너무나 길게만 느껴졌다.

아내가 동물병원 앞에다 차를 채 세우기도 전에 나는 후닥닥 차에서 뛰어내렸다. 그리고는 한걸음에 병원 앞으로 달려들었다.

병원 문 앞에서 문득 나는 발걸음을 멈췄다. 병원 문에 한 손을 대고 서서는 나를 보고 반가워서 어쩔 줄 몰라 할 누니의 모습을 떠올렸다. 나는 조용히 그리고 눈치 채지 못하게 누니 앞에 나타나기로 마음먹었다. 그렇게 갑작스럽게 내 모습을 드러냄으로써 누니의 기쁨을 두 배로 늘려 주고 싶었던 것이다.

나는 살그머니 문을 밀었다. 그리고는 스미듯이 병원 안으로 몸을 밀어 넣었다. 발소리를 죽이고 철장 앞으로 다가갔다. 첫 번째, 두 번째, 세 번째 철장 앞에서 나는 무릎을 굽혔다.

"누니야."

내가 저를 부르기도 전에 누니는 앞발로 철장 사이를 헤집고 있었다.

"미안해, 누니야."

나는 철장을 들어 올렸다. 철장에서 빠져 나온 누니는 곧장 내 가슴으로 달려들었다.

누니는 내 뺨이고 눈이고 코를 닥치는 대로 핥았다.

"미안해, 누니야."

누니를 가슴에 꼭 끌어안으며 나는 다시 한 번 말했다.

"그 사이 누니가 뭘 좀 먹기는 했나요?"

옆에서 지켜보고 섰는 동물 간호사에게 물었다.

"거의 먹지 않더라구요."

내 시선을 외면한 채 그녀가 대답했다.

"삼 일을 꼬박 굶은 거나 마찬가지예요."

내 비정함에 대한 비난의 감정을 드러내기를 주저하지 않는 음성이었다.

"그랬군요."

이제는 내 쪽에서 그녀의 시선을 피하면서 중얼거렸다.

그렇게 생각해서인지 누니가 좀 가벼워진 것처럼 느껴졌다.

"아이구, 우리 누니가 그 사이 핼쑥해졌네."

내가 차에 올라앉고 누니를 무릎에 앉히자 아내가 누니의 머리를 쓰다듬었다.

"사흘간 아무것도 먹지 않더래."

"정말이에요?"

"……"

"이런, 가여운 것."

아내는 충격을 받은 모양이었다.

"우리 누니가 정말로 마음을 상했나 보구나."

"우리가 절 버렸다고 생각했나 봐."

"불쌍한 것."

아내가 울먹거렸다.

집에 들어서는 길로 아내는 서둘러 닭가슴살 삶은 국물을 냉장고에서 꺼내 레인지 불에 얹었다. 아내는 냉기가 가신 닭 삶은 국물을 사료 그릇에 붓고는 그걸 누니 앞에 놓아 주었다.

그러나 누니는 평소처럼 허겁지겁 달려들지 않았다. 아내는 새끼 손가락에 국물을 찍어 누니의 입에 몇 번 대 주었다.

평소 제가 좋아하는 국물 맛을 본 누니가 비로소 사료 그릇에 머리를 박았다.

거실 소파에 누워 사료 그릇에 머리를 박고 있는 누니의 모습을 내려다보고 있다가 나는 스르르 잠에 빠져들었다.

그날은 저녁도 거른 채 내쳐 잤다. 다음 날 한낮이 되어서 눈을 뜨기는 했지만 아침 겸 점심을 몇 숟갈 뜨는 둥 마는 둥 하고는 다시 소파에 쓰러졌다. 그렇게 인사불성으로 자고 일어나서는 저녁을 먹었고 한바탕 샤워도 했다.

"몸이 좀 가벼워졌어요?"

저녁 식탁을 걸레질하고 있던 아내가 욕실에서 나오는 나를 바라보며 말했다.

"응."

대꾸하고는 나는 거실을 둘러보았다.

"누니야, 누니야."

내가 몇 번이나 제 이름을 불렀지만 누니는 나타나지 않았다.

"누니가 어디 있지?"

"누니가 좀 이상해졌어요."

걸레질을 마무리하며 아내가 말했다.

"먹을 걸 달라고 보채지도 않고 불러도 들은 체를 않아요."

"삐쳐도 단단히 삐쳤나 보지. "

나는 누니가 집안의 어느 구석에 외롭게 혼자 몸을 웅크리고 있을지 알고 있었다. 나는 문이 열려 있는 건넌방 쪽으로 다가갔다.

"하기야 그럴 만도 하지. 그 좁은 철장 속에서 사흘씩이나 갇혀 있게 했으니. 좀이나 서운했겠어. 누니야."

나는 불을 켜지 않은 건넌방의 어두운 구석 자리에 머리를 디밀고 쪼그려 앉으며 누니를 불렀다.

"누니야."

나는 한 번 더 누니를 부르고는 앞발에 턱을 얹은 채 엎드려 있는 누니의 머리를 쓰다듬었다. 두어 번 머리를 쓰다듬어 주고는 나는 누니를 끌어당겼고 그래서는 가슴에 안았다. 내가 누니를 안은 채 거실로 나오자 아내가 말했다.

"누니 데리고 저녁 산책이나 다녀오지 그래요."

"그럴까."

나는 말하곤 누니를 들여다보았다.

"누니야, 우리 나갈까?"

누니는 언제나 그랬던 것처럼 '나갈까' 라는 말에 즉각 반응했다. 누니는 세차게 꼬리를 흔들었고 갑자기 불이 켜진 전구처럼 밝아진 눈빛으로 나를 올려다보았고 이내 목줄을 걸어둔 현관 쪽으로 달려 나갔다.

"알았다, 알았어."

앞발을 치켜들고 겅중거리며 뭘 꾸물거리고 있느냐는 듯 내 쪽을 돌아보는 누니를 향해 말하고는 나는 소파에 기대었던 몸을 일으켰다.

저녁을 마칠 무렵의 양재천은 늘 산책객들로 붐빈다. 특히 봄날 저녁의 그 무렵엔 마치 강남구 구민의 태반이 쏟아져 나온 듯 천변의 양쪽은 사람들로 가득 찬다.

사람들은 한가로이 걷기도 하고 속보로 걷거나 달리기도 한다. 인라인 스케이터들이 휙휙 스쳐 지나가고 등 뒤에서 자전거가 딸랑딸랑 길을 비키라고 재촉하기도 한다.

나는 누니의 목줄을 손에 잡고 양재천으로 내려가는 계단 앞에 멈춰서서 잠시 아래를 굽어본다.(등에서 가슴으로 둘러 묶은 끈의 고리에 건 줄이므로 엄밀하게 말하자면 목줄이 아니다.)

길은 두 방향으로 펼쳐져 있다. 내가 서 있는 위치에서 왼쪽은 한강 변에 이르는 방향이다. 오른편은 초고층 아파트 단지인 타워 팰리스와 아름다운 휴식 공원인 '시민의 숲' 이 있는 방향이다.

이미 계단의 중간쯤에 내려가 있는 누니가 계단을 마저 내려가려고 줄을 끈다. 불과 7킬로그램 남짓의 끄는 힘이 나를 휘청거리게 한다.

— 그래, 알았다 알았어.

나는 저항하지 않고 순순히 끌려 내려간다.

방향을 선택하기 위해 주춤거리지는 않아도 된다. 누니는 이미 왼편, 한강 쪽으로 앞장서서 걷고 있었기 때문이다.

누니의 선택에 나는 아무런 불만의 감정도 품지 않는다. 어쩌면 영리한 누니는 내 마음을 읽은 건지도 모른다. 나는 한강 변의 시멘트 계단에 누니의 허리를 한쪽 팔로 감고서 앉아 밤 낚시꾼들이 강물에 드리운 낚시찌를 곁눈질해 보는 일이나 여의도 쪽으로 흘러가는 불 밝힌 유람선을 바라보기를 좋아한다.

누니의 선택에 나에 대한 배려가 담겨 있음이 틀림없다.

그러나 누니가 분당 방면으로 난 자전거 도로 쪽의 어두운 샛길로 접어들자 나는 고소하고 만다.

누니의 방향 선택엔 다른 누구도 아닌 누니 자신에 대한 배려가 담겨 있었을 뿐이라는 사실이 드러났기 때문이다.

누니는 시끄럽고 붐비는 것을 싫어한다.

처제와 처형이 왁자지껄해질 때면 누니는 소리 없이 집안의 조용한 구석으로 숨어들고는 고개도 내밀지 않는다.

누니는 제가 좋아하는 산책길이 있는 방향이 어느 쪽인지 알고 있었음에 틀림없다.

누니가 앞장선 샛길로 접어들자 주위가 한결 조용해진 걸 느낀다. 이제 더 이상 사람들과 부딪치지 않으려고 몸을 피하거나 자전거가 오는지 뒤를 돌아볼 필요가 없어졌다.

지금껏 줄을 끄느라 기운을 낭비했던 누니가 어느 틈에 내 곁에서 나란히 걷고 있다. 누니와 나는 마냥 한가롭게 저녁 산책을 즐긴다. 때로 나는 고개를 옆으로 숙여서 누니를 한 번 내려다본다. 누니도 더러 고개를 들고 핼끔 한 번 내 쪽을 올려다본다. 그리곤 말없이 걷기를 계속한다. 다리를 반쯤만 들고 누니가 오줌을 몇 방울 떨어뜨리는 동안 잠시 걸음을 멈추기도 한다.

포근한 봄날 저녁의 산책길은 아무리 걸어도 피로감이 느껴지지 않는다. 꽤 걸은 것 같다. 가락시장 근처와 수서역도 지나쳤으니 아마도 한 시간쯤 또는 그보다 반 시간쯤 더 걸었나 보다.

누니 쪽에서 먼저 쉬고 싶다는 생각을 떠올린 모양이다. 보안등 밑에 놓인 벤치가 나타나자 누니는 곧장 그리로 다가간다. 뒤따라간 나는 벤치에 털석 엉덩이를 내려놓는다. 그제야 누니도 뛰어올라 내 곁에 얌전히 앉는다. 나는 주먹으로 무릎을 두어 번 두드린다. 그리고는 고개를 들어 하늘을 올려다본다.

그 많던 별들은 다 어디로 간 걸까.

도시의 하늘은 텅 하니 비어 있다.

나는 좀 더 고개를 뒤로 젖히고 하늘의 구석구석을 살핀다. 하늘의 어둠이 눈에 익을 때까지 한참을 그렇게 올려다보고 있다가 드디어 나는 서너 개의 별을 찾아내는 데 성공한다.

그중에서도 동남쪽 하늘 귀퉁이에서 꺼질 듯 꺼질 듯 반짝이는 별빛이 내 시선을 사로잡는다. 그것은 내 빈약한 시력에 닿기에는 너무나도 멀고 희미한 별빛이다.

그랬는데 믿을 수 없는 일이 일어난 것이었다.

시선이 사로잡혀 바라보고 있노라니 희미하던 별빛은 어느새 또렷한 반짝임으로 다가와 정겨운 눈길로 나를 내려다보고 있는 것이었다. 나는 피하지 않고 그 정겨운 눈길을 마주 올려다보았다.

얼마나 그러고 있었을까. 갑자기 내 가슴 속에서 뜨거운 느낌이 번지기 시작한 걸 나는 느꼈다. 그 느낌은 순식간에 부풀어 올라 가슴을 가득히 채웠다.

— 미안해요, 형님.

가슴을 채운 뜨거움이 새 나가듯 목소리가 새 나왔다.
"약속을 지킬 수가 없었어요."
별빛을 올려다보며 나는 중얼거렸다.
"사실을 말씀드릴게요. 저는……."
나는 눈두덩을 한 번 훔쳤다.

"용서해 주세요, 형님. 저는 형님을 속였어요."
나는 고개를 떨구고는 손등으로 다시 한 번 눈두덩을 훔쳤다.

"형님께 그토록 다짐을 했는데 사실은 거짓 다짐이었어요. 모두 모두 거짓이었어요."

나는 엉엉 소리 내 울며 형님께 용서를 빌었다. 놀라서 눈치를 살피는 누니를 끌어다 가슴에 안았다.

"형님께 용서를 빌 일은 그뿐만이 아니에요. 저는 내내 누니 생각만 하고 있었어요. 제 등 뒤에서 울부짖던 누니를 떠올리면 마음이 조급해지곤 했어요. 세상에, 형님과 영영 이별하는 마당에 그깟 강아지 일로 마음을 쓰고 있었다니.

형 죄송해요, 형님. 그러나 더 이상 어떤 일로도 형님을 속이고 싶지 않아요. 그래서 사실을 사실 그대로 말씀드리는 거예요.

무엇보다도 누니는 그깟 강아지가 아니에요. 외출에서 돌아온 저희를 반기는 누니의 모습을 한 번만 보셨더라면 누니가, 그깟 강아지가 아니라는 사실을 이해하실 수 있으셨을 거예요.

이 세상에서 오직 저희만 믿고 저희에게만 의지해서 살아가는 불쌍한 누니예요. 저희 말고는 이 세상에 누니를 보살펴 줄 사람이 아무도 없어요. 누니를 생각하면 형님……."

내 뺨을 핥고 있는 누니의 머리에 나는 턱을 부볐다.

"그냥 불쌍하고 가엾다는 생각밖엔 안 들어요. 가엾고 불쌍하기만 해요. 형님, 형님……."

나는 누니의 머리에 턱을 부비며 여전히 소리 내어 울었다.

내게 안긴 누니가 연신 혀로 내 뺨의 눈물을 핥았다.

나는 누니의 혀에 얼굴을 맡긴 채 젖은 눈으로 다시 한 번 하늘을 올려다보았다. 가까이 다가왔던 별빛은 어느새 다시 아득한 동남쪽 하늘 귀퉁이로 멀어져서는 꺼질 듯 꺼질 듯 희미한 빛을 내고 있었다.